노래만 부르면 저절로 외워지는

참 조 한 자

8급 **1**권

노래만 부르면 저절로 외워지는
창조한자 8급 • 1권

편 저 자 : 박필립
펴 낸 곳 : 현보문화
펴 낸 이 : 김명순
제 휴 처 : CTS기독교TV 교회학교
편집기획 : 박화연
내용삽화 : 박신애
출판등록 : 제 2003-8
전　　화 : 050-2430-1004 (출판사)
　　　　　 070-8771-2542 (저자)
　　　　　 02-6333-2525 (CTS 교회학교)
홈페이지 : www.biblehanja.co.kr
　　　　　 copyright@ 2014 박필립

저자와 협의하에 인지생략

저작권법에 따라 보호받는 저작물이므로 무단전재와 복제를 금지하며
내용의 전부 또는 일부를 이용하려면 반드시 저작권자의 서면 동의를 받아야 합니다.

[주요 저서]

- CTS기독교TV 교회학교용
  '노래만 부르면 저절로 외워지는 창조한자'
  시리즈 전 20권
- '신비한 성경 속 한자의 비밀'
- '재밌는 성경 속 사자성어 구약편' (전 4권)
- '재밌는 성경 속 사자성어 신약편' (전 2권)
- '크리스천이면 알아야 할 맛있는 성경상식'
- '한자에 숨어있는 성경이야기'
- '성경보감'
- '성경이 만든 한자 DVD'
- '성경한자교육사 연수교재' 3급, 2급
- '금성 푸르넷 게임한자' 외 20여권

朴 必 立

어렸을 때부터 논어, 맹자 등 사서오경을 비롯한 한문고전들을 오랫동안 공부하였고, '성경서예 개인전'을 개최한 서예가이다.

런던 타임즈, 국민일보 등에 한자의 기원에 대해 연재를 하며 극동방송에 고정 출연하는 등 각종 방송과 언론을 통해 성경한자를 통한 선교활동에도 열성적으로 힘을 쏟고 있다.

사단법인 성경한자교육협회 회장인 저자는 CTS기독교TV 교회학교와 제휴하여 활동하면서 사단법인 한국칼빈주의 연구원 'C-STORY 운동(총재 정성구 박사)' 이사 직분을 섬기고 있다.

한국창조과학회 교육위원도 겸하고 있는 저자는 전국 교회는 물론이고, 그를 필요로 하는 곳에서 부르면 무조건 달려가서 '신비한 성경 속 한자의 비밀'이란 주제로 강의를 통한 은혜를 나누고 있다.

특히 유교식 한자 교육을 탈피하고 성경적 한자 교육을 보급시키기 위해 성경 속에서 네 글자 거룩한 말씀을 발췌한 '사자성어(四字聖語)'와 한자(韓字)가 동이족 문자임을 성경의 말씀대로 증거한 '신비한 성경 속 한자의 비밀'을 출판하여 중국과 북한 선교를 위한 문서사역을 하고 있다.

노래만 부르면 저절로 외워지는 창조한자를 내면서…

　신앙을 떠나서도 성경은 인류 최고의 책이자 인생의 지침서로서 더 이상의 책이 없다고 확신한다.
　그런데 지금까지 보급된 한자급수 관련 학습서를 보면 대부분 각 한자의 활용단어나 예문이 유교 혹은 불교 아니면 어떤 의미도 없는 그저 구색 맞추기로 일관되고 있음을 쉽게 확인할 수 있다.

　그래서 필자는 성경을 통한 한자를 익힐 수 있는 창조한자를 집필하여 모든 어린이들에게 선물 하고 싶었다. 물론 이 생각은 수 년 전부터 해왔지만 생활인으로서 여러 바쁜 일정 때문에 선뜻 실행에 옮기지 못하다가 한자를 통한 교회학교 부흥 방법을 모색하며 기도하던 중 CTS기독교TV 교회학교에서 제휴 제안이 들어온 것을 계기로 그동안 마음속에만 담아 두었던 원고를 쓰게 되었다.
　이 책은 4분의 4박자 혹은 4분의 3박자 동요곡이나 찬송가 등의 곡에 붙여 노래하면 저절로 외워지는 학습법으로 창안했다. 그 가사 자체가 각 한자의 자원을 정확히 풀어주는 원리를 제시하기 때문에 별도로 외울 필요가 없다는 점이 특징 중의 으뜸이다.
　그리고 오랜 세월동안 변천해 온 각 한자의 글꼴을 갑골문자(甲骨文字)부터 전서, 예서, 해서 역대 명필의 서체를 제시하여 문자의 변천사도 함께 공부할 수 있는 수준 높은 편집도 다른 책에서는 찾아볼 수 없는 특징이라고 자랑하고 싶다.
　또한 각 한자마다 일상생활에서 사용하는 예문은 물론이고 해당하는 성경구절을 읽으면서 교훈을 얻을 수 있도록 심혈을 기울여 집필하였다.

　아무쪼록 이 노래만 부르면 저절로 외워지는 창조한자 학습서를 통하여 이 땅의 어린이들이 한자 학습에 흥미를 느끼기를 첫 번째로 소망한다. 그 다음은 다가오는 세대에게 기독교 복음을 전도하고 기독교를 이끌어갈 어린이들이 우리 동이족의 문자 설문해자에 근거한 자원풀이와 성경 말씀에 기반을 둔 이 교재를 통하여 제대로 된 한자 학습을 할 수 있기를 희망한다.
　그러나 그보다 더 중요한 것은 한자의 올바른 의미를 깨닫고 성경 말씀을 가까이하면서 하나님을 경외하는 새 생명으로 거듭나기를 간구한다.

朴必立

추천사

평생을 한학에 몰두해 오면서 한자교육과 관련한 많은 저서를 집필한 박필립 교수가 누구나 쉽게 노래를 부르면서 배울 수 있는 교회학교용 '창조한자' 책을 집필하였다. **어린 학생들의 인성교육과 더불어 교회학교 부흥과 전도에 활용 할 수 있는 一石二鳥(일석이조)의 한자교재**이어서 이를 기쁘게 생각하며 추천하는 바이다.

백석대학교 부총장 신학박사 **金 義 援** 목사
총신대학교 2대 총장

박필립 교수가 집필한 창조한자 교재가 왜 이제야 나왔나하는 아쉬움이 든다. 왜냐하면 「창조한자」책 내용을 자세히 살펴보니 참으로 교회학교 어린이 뿐만 아니라 일반 학생 및 성인들도 쉽게 배울 수 있는 획기적인 책이라 생각되었기 때문이다. **창조한자를 통해 수많은 어린이들이 예수님의 사랑을 알게 될 수 있을 것**이라 생각하며 적극 추천하는 바이다.

칼빈대학교 총장 신학박사 **金 在 淵** 목사
세계비전 교회 담임 목사(25년)

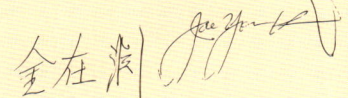

전국의 교회학교에 학생들이 줄어가는 것에 많은 목회자들이 염려하고 있다. 이런 상황에서 한자를 통한 교회학교 부흥을 도모하는 평신도가 있어 주목을 끈다. 평생을 한학에 몰두해오면서 한자교육과 관련한 많은 저서를 집필한 박필립 교수이다. 그는 '노래만 부르면 저절로 외워지는 창조한자'를 통해 **어린이들이 노래를 통해 쉽고 재미있게 한자를 배우면서 성경을 알게** 만들었다.

호남신학대학교 총장 신학박사 **魯 英 相** 목사

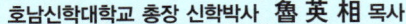

우선 박필립 교수의 노고를 치하한다.『창조한자』는 성경말씀의 내용을 익히는데 도움을 줄 뿐만 아니라, 배우는 과정에서 저절로 우리들의 삶에 유익한 한자를 익힐 수 있는 특징을 가지고 있다. 오늘날 우리들은 한글 전용을 선호한 시대에 살고 있기 때문에 한자를 익히는 데는 소홀히 하고 있다. 하지만 한국의 문화와 역사는 한자를 도외시 할 수 없는 상황이다. 특별히 우리의 어린 자녀들이 성경을 배우면서 한자도 습득하게 되면 자녀들의 개개인의 삶도 풍요롭게 될 것이지만, 한국 전체의 문화 수준이 더 높아질 것임은 불을 보듯 확실하기 때문에 **본서를 적극 추천하며 한국교회가 이를 잘 활용하여 미래를 준비하는 계기**가 되었으면 한다.

웨스트 민스터 신학대학원대학교 총장 신학박사 **朴 炯 庸** 목사

추천사

우리말 성경은 소리글자인 한글과 뜻글자인 한자의 두 가지 장점을 바탕으로 기록되었기 때문에 세계에서 원어를 가장 잘 번역한 성경으로 손꼽히고 있습니다. 그런데 우리는 순한글 성경만으로 신앙지도를 하고 있기 때문에 평소 이 점을 안타깝게 생각해 왔는데, 때마침 박필립 교수가 **성경 말씀을 바탕으로 교회학교용 한자책인 「창조한자」를** 출판한다는 반가운 소식을 접하고 이 책이 **전국 교회학교 부흥의 밑거름이 될 것이라고 생각**하면서 적극 추천합니다.

증경총회장 安 永 老 목사
한국기독교 총연합회 명예회장 / 세계농촌선교센터대표

동방의 문자인 한자가 성경을 바탕으로 만들어졌다는 믿음으로 한평생을 연구해 오신 박필립 교수님이 CTS기독교TV와 함께 교회학교 부흥을 위해 집필한 창조한자 교재를 살펴보고 놀라움과 기쁨을 감출 수 없어 **예수님을 아직도 모르고 자라나는 우리 아이들이 하루라도 빨리 접할 수 있게 되기를 희망**하면서 교회학교에 적극 추천합니다.

광주교육대학교 2대 총장
이학박사 李 正 宰 장로
한국대학교총장협회 부회장 / 한국청소년선도협의회 총재

박필립 교수가 집필한 창조한자 교재는 책 이름처럼 참으로 창조적인 학습법이라 생각합니다. 어렵다고 생각되어 쉽게 접근하기 어려운 한자를 노래만 부르면 저절로 외워지는 학습법도 새롭지만 더욱이 **성경 말씀을 바탕으로 한자를 학습할 수 있는 한자교재이기 때문에 교회 학교부흥에 크게 이바지 할 것이라 믿어** 의심치 않아 추천합니다.

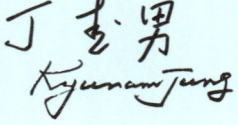

광신대학교 총장 신학박사 **丁 圭 男 목사**

박필립 교수가 성경 속의 한자어를 바탕으로 누구나 쉽게 노래 부르면서 배울 수 있는 교회학교 활용교재인 '창조한자' 책을 집필했다는 반가운 소식을 전할 수 있어 기쁨 마음으로 추천하는 바이다.
이 '창조한자'를 통해 **많은 어린이들이 복음을 접할 수 있는 또 하나의 통로가 되고, 교회학교가 부흥하는데 작은 도움이라도 되기를 기대한다.**

신학박사 鄭 聖 久 목사
전 총신대 학장 2회 및 대신대 총장
현 한국칼빈주의연구원장 / 사단법인 성경한자교육협회 이사장

추천사

한평생을 한문연구에 몰두하신 박필립 회장님(성경한자교육협회)이 새로 저술한 한자교재인 노래만 부르면 저절로 외워지는 창조한자는 우리의 아이들이 한자 습득 뿐 아니라, **하나님의 말씀인 성경을 학습하는 일거양득의 도움이 있을 것으로 판단**하여 교회학교에 적극 추천하는 바이다.

총신대학교 직전총장 신학박사 鄭 一 雄 목사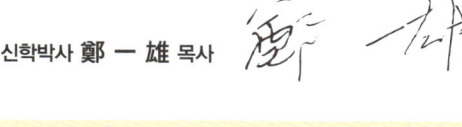

대한예수교 장로회 광주동명교회에서 나에게 신앙생활을 시작한 박필립 교수가 국문학자이셨던 선친(조선대학교 사범대학장 박홍원 교수)의 가르침으로 한학에 일로매진해 오던 중 새롭게 집필한 '창조한자'는 성경 말씀을 바탕으로 한자의 자원을 풀이하였을 뿐 아니라 찬송가 등의 곡에 맞춰 노래로 부르기만 하면 저절로 외워지는 교재인지라 놀라움을 금치 못하면서 어린이들이 누구나 쉽게 노래를 부르면서 배울 수 있는 **교회학교용 '창조한자' 책으로 인하여서 전국의 교회학교가 부흥되어 미래 기독교를 이끌어갈 동량들이 많이 배출되기를 기도**하며 추천합니다.

대한예수교 장로회 광주동명교회 崔 基 采 원로목사

대학교에서 교수로 신학도들을 가르치다가 목회현장에 오니 놀랍게 되는 게 교회 임직자들과 일반 성도들이 성경에 대해 잘 알지 못하는 면이 많다는 것과 그분들의 자녀들이 성경에 대해 무관심하고 신앙생활이 겨우 교회 다니는 것으로, 아니면 아예 교회를 등진 자녀들이 많다는 것이다. 이런 현실에서 박필립 교수의 **재미있고 배우기 쉬운 창조한자를 통한 성경교육을 가정과 교회에서 사용할 수 있는 필수참고서라고 봐서 정중하게 추천하는** 바이다.

신학박사 崔 鐘 震 목사
전 서울신학대학교 교수 및 총장, 한국기독교학회장
현 서울신대 명예교수 및 성북성결교회 담임목사

※ 추천사는 가, 나, 다 순으로 게재하였습니다.

노래만 부르면 저절로 외워지는
창조한자의 특징

- 노래만 부르면 각 한자의 원리와 함께 낱글자를 익히는 국내 최초 유일의 한자학습 비법이다.

- 가사 자체가 각 한자의 원리를 정확하게 풀어주므로 재미있게 노래 부르는 것이 한자 학습이 된다.

- 노래 악보는 제시된 찬송가 멜로디만 익히면 누구나 쉽게 따라 부르면서 한자를 학습할 수 있도록 구성되었지만 아이들이 자기가 아는 4분의 4박자 등의 동요 곡 등에 붙여 노래해도 저절로 외워지는 학습 비법으로 구성되었다.

- 각 글자마다 성경 구절 속에서 찾아 읽어 볼 수 있도록 편집하여 성경에 바탕을 둔 한자 학습법이 될 수 있도록 편집하였다.

- 성경 구절 속의 낱말에 해당하는 한자를 찾아가면서 다양한 모양의 비슷한 한자를 눈여겨 볼 수 있는 目印法(눈도장 찍는 법) 학습법을 창안하여 변별력을 높일 수 있는 학습법으로 편집하였다.

- 매주 마다 학습자 본인 스스로 배운 내용을 체크해 볼 수 있도록 복습복습 코너를 두어 자율학습이 될 수 있도록 구성하였다.

- 오랜 세월동안 변천해 온 각 한자의 글꼴을 **갑골문자**부터 **전서, 예서, 해서** 순서대로 역대 명필의 서체를 제시하여 문자의 변천사도 함께 공부하면서 정서적 안목도 높일수 있도록 기획한 수준 높은 편집도 다른 책에서는 찾아볼 수 없는 특징이다.

갑골문(甲骨文) : 고대 중국에서, 거북의 등껍질이나 짐승의 뼈에 새긴 상형문자로 한자의 가장 오래된 형태를 보여 주는 서체

전　서(篆書) : 진시황제 때(B.C 221년경) 승상 이사(李斯)가 대전의 자형을 간략하게 변형하여 만든 서체

예　서(隷書) : 진(秦)나라 때 옥리였던 정막이가 번잡한 전서를 생략하여 만들었다는 서체인데, 노예와 같이 천한 일을 하는 사람도 이해하기 쉽도록 한 글씨라는 뜻에서 붙여진 이름이다.

해　서(楷書) : 후한(後漢) 때 왕차중(王次仲)이 만들었다고 전해지는 서체로 정서(正書) 또는 진서(眞書)라고도 한다.

노래만 부르면 저절로 외워지는
창조한자의 학습법

한자 학습의 기본은 반복학습이다.

인간은 태어나면서부터 반복을 하면서 생활 방식을 익혀가는 특성을 지녔다. 그래서 예로부터 반복학습을 중요시하였음을 여러 곳에서 쉽게 찾아볼 수 있다. 글을 백번 읽으면 뜻이 저절로 나타난다거나, 논어의 첫 구절인 '學而時習之(학이시습지)' 도 "배운 것을 때마다 반복해서 익히는 것"을 강조하는 말이다.

바로 이 창조한자 책은 노래를 부르면서 흥미롭게 익히되, 각 페이지를 차근차근 넘겨가면서 학습하다보면 자신도 모르게 반복하게 되어 저절로 익혀지는 특수학습법으로 구성되었다.

① 이번 주에 배울 한자가 어떤 것인지 급수 한자 표에서 눈 도장을 찍어둔다.

② 그 주에 배울 한자 원리 가사를 주어진 곡에 맞춰 3~4회 반복해서 노래를 부른다.

③ 성경 구절 속에서 이 주에 배울 한자가 어떻게 쓰이고 있는지를 읽어본다.

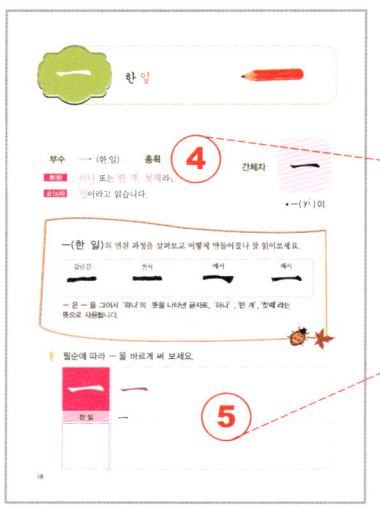

④ 한자의 음과 훈을 큰 소리로 읽어보고 한자의 모양이 어떻게 만들어져서 변화했는가를 잘 살펴본 후 한자의 원리를 노래가사를 생각하면서 읽어본다.

⑤ 필순을 보면서 훈과 음을 소리내어 읽으면서 예쁘게 써 본다.

⑥ 그림을 보고 문장 속의 ( )안에 알맞은 한자를 써 본다.

⑦ 거꾸로 쓰인 한자의 훈과 음을 알아 맞혀 본다.

⑧ 문장 속에 밑줄 친 한자의 음이 잘못된 것을 바르게 고쳐 쓴다.

⑨ 성경 구절 속에 밑줄 친 뜻에 맞는 한자를 골라 연결하면서 모양이 비슷한 한자를 구별하는 목인법(눈도장 찍는법) 학습을 한다

⑩ 한자어를 써 보면서 한자어가 들어간 문장을 큰 소리로 읽어 본다.

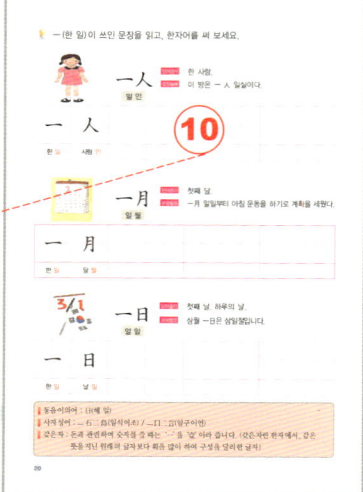

노래만 부르면 저절로 외워지는 ━ 창조한자 《《《《

차례

이 책을 내면서 ································· 6
추 천 사 ··································· 7
이 책의 특징 ································· 10
이 책의 학습법 ································ 11
차례 ····································· 13
한자능력검정시험 안내 ··························· 14
8급 한자 한 눈에 보기 ··························· 15
1-1주 : 一 二 三 四 ······························ 16
1-2주 : 五 六 七 八 ······························ 31
1-3주 : 九 十 先 王 ······························ 46
1-4주 : 반복학습 ······························· 61
1-5주 : 月 火 水 木 ······························ 67
1-6주 : 金 土 日 生 ······························ 82
1-7주 : 大 中 小 女 人 ···························· 97
1-8주 : 반복학습 ······························ 115
아하! 급수시험이 이거구나~♬ ······················· 121
급수시험 해답 ······························· 122
급수시험 답안지 양식 ··························· 123

>>>> 노래만 부르면 저절로 외워지는 - 창조한자

전국한자능력검정시험 안내

주관처 : 한국어문회
시행처 : 한국한자능력검정회

■ 급수배정

급수	읽기	쓰기	수준 및 특성
4급	1,000	500	중급 상용한자 활용의 고급 단계 (상용한자 1000자, 쓰기 500자)
4급II	750	400	중급 상용한자 활용의 중급 단계 (상용한자 750자, 쓰기 400자)
5급	500	300	중급 상용한자 활용의 초급 단계 (상용한자 500자, 쓰기 300자)
5급II	400	225	중급 상용한자 활용의 초급 단계 (상용한자 400자, 쓰기 225자)
6급	300	150	기초 상용한자 활용의 고급 단계 (상용한자 300자, 쓰기 150자)
6급II	225	50	기초 상용한자 활용의 중급 단계 (상용한자 225자, 쓰기 50자)
7급	150	–	기초 상용한자 활용의 초급 단계 (상용한자 150자)
7급II	100	–	기초 상용한자 활용의 초급 단계 (상용한자 100자)
8급	50	–	한자 학습 동기 부여를 위한 급수 (상용한자 50자)

- 상위급수 한자는 하위급수 한자를 모두 포함하고 있습니다.
- 쓰기 배정 한자는 한두 급수 아래의 읽기 배정한자이거나 그 범위 내에 있습니다.
- 초등학생은 5급 취득에 목표를 두고, 학습하길 권해 드립니다.

■ 급수별 출제기준

구분	4급	4급II	5급	5급II	6급	6급II	7급	7급II	8급
독 음	32	35	35	35	33	32	32	22	24
훈 음	22	22	23	23	22	29	30	30	24
장단음	3	0	0	0	0	0	0	0	0
반의어(상대어)	3	3	3	3	3	2	2	2	0
완성형(성어)	5	5	4	4	3	2	2	2	0
부 수	3	3	0	0	0	0	0	0	0
동의어(유의어)	3	3	3	3	2	0	0	0	0
동음이의어	3	3	3	3	2	0	0	0	0
뜻풀이	3	3	3	3	2	2	2	2	0
약 자	3	3	3	3	0	0	0	0	0
한자 쓰기	20	20	20	20	20	10	0	0	0
필 순	0	0	3	3	3	3	2	2	2
한 문	0	0	0	0	0	0	0	0	0
출제문항(계)	100	100	100	100	90	80	70	60	50

8급 한자 중 이책에서 배울 한자

教	校	九	國	軍
가르칠 교	학교 교	아홉 구	나라 국	군사 군
金	南	女	年	大
쇠 금	남녘 남	여자 녀	해 년	큰 대
東	六	萬	母	木
동녘 동	여섯 륙	일만 만	어머니 모	나무 목
門	民	白	父	北
문 문	백성 민	흰 백	아버지 부	북녘 북
四	山	三	生	西
넉 사	메 산	석 삼	살 생	서녘 서
先	小	水	室	十
먼저 선	작을 소	물 수	집 실	열 십
五	王	外	月	二
다섯 오	임금 왕	밖 외	달 월	두 이
人	一	日	長	弟
사람 인	한 일	해 일	길 장	아우 제
中	靑	寸	七	土
가운데 중	푸를 청	마디 촌	일곱 칠	흙 토
八	學	韓	兄	火
여덟 팔	배울 학	한국 한	맏 형	불 화

🌟 노래 부르며 한자를 익혀보세요.

태초에는 온천지가 하나여서 한 一이고
천지창조 이뤄지니 하늘과 땅 두 二이며
하늘과 땅 그 사이에 사람있어 석 三이니
네모안을 여덟팔로 나누니까 넉 四로다

활용곡 : 찬송가 438장(통495) 내 영혼이 은총 입어

🌟 성경에서 한자 찾아 읽기

> 주인에게 빚진 자를 一一이 불러다가 먼저 온 자에게 이르되 네가
> 내 주인에게 얼마나 빚졌느냐 [누가복음 16:5]
>
> 인자를 천대까지 베풀며 악과 과실과 죄를 용서하리라 그러나 벌을 면제하지는
> 아니하고 아버지의 악행을 자손 三四 대까지 보응하리라 [출애굽기 34:7]

 한 일

부수 一 (한일)　　총획 1획

훈(뜻) : 하나 또는 한 개, 첫째라는 뜻입니다.

음(소리) : 일이라고 읽습니다.

간체자

• 一(yī)이

一(한 일)의 변천 과정을 살펴보고 어떻게 만들어졌나 잘 읽어보세요.

갑골문	전서	예서	해서
━	━	━	一

一 은 一 을 그어서 '하나'의 뜻을 나타낸 글자로, '하나', '한 개', '첫째' 라는 뜻으로 사용됩니다.

🍄 필순에 따라 一을 바르게 써 보세요.

💡 다음 그림을 보고 문장의 (   )안에 알맞은 한자를 써 보세요.

눈을 감고 하나(   )부터
열까지 숫자를 세도록 하여라.

나는 이번 시험에서 일(   )
등을 하였습니다.

💡 다음 거꾸로 된 글자의 훈[뜻]과 음[소리]을 써 보세요.

훈(뜻) :

음(소리) :

💡 다음 밑줄 친 한자의 음[소리]을 바르게 고쳐 쓰세요.

문 보라는 달리기에서 一(얼)등을 차지하였다.
.... [   ]

💡 다음 중 밑줄 친 뜻에 맞는 한자를 골라 연결하세요.

이러므로 남자가 부모를 떠나 그의 아내와 합하여 둘이
한 몸을 이룰지로다 [창세기 2:24]

一(한 일)이 쓰인 문장을 읽고, 한자어를 써 보세요.

一人 일인
- 단어풀이 : 한 사람.
- 활용문장 : 이 방은 一人 일실이다.

一	人						
한 일	사람 인						

一月 일월
- 단어풀이 : 첫째 달.
- 활용문장 : 一月 일일부터 아침 운동을 하기로 계획을 세웠다.

一	月						
한 일	달 월						

一日 일일
- 단어풀이 : 첫째 날. 하루의 날.
- 활용문장 : 삼월 一日은 삼일절입니다.

一	日						
한 일	날 일						

- 동음이의어 : 日(해 일)
- 사자성어 : 一石二鳥(일석이조) / 一口二言(일구이언)
- 갖은자 : 돈과 관련하여 숫자를 쓸 때는 '一'을 '壹'이라 씁니다. (갖은자란 한자에서, 같은 뜻을지닌 원래의 글자보다 획을 많이 하여 구성을 달리한 글자)

부수 二 (두이)   총획 2획

간체자

훈(뜻) : 둘 또는 두 개, 둘째라는 뜻입니다.
음(소리) : 이라고 읽습니다.

• 二(èr)얼

二(두이)의 변천 과정을 살펴보고 어떻게 만들어졌나 잘 읽어보세요.

갑골문	전서	예서	해서
二	二	二	二

二는 태초에 우주가 하늘과 땅으로 갈라졌다[二]하여 '둘', '두 개', '둘째' 라는 뜻으로 사용됩니다.

필순에 따라 二를 바르게 써 보세요.

🔸 다음 그림을 보고 문장의 ( ) 안에 알맞은 한자를 써 보세요.

이모는 딸만 둘( )을 키우고 있습니다.

자전거 바퀴는 두( )개입니다.

🔸 다음 거꾸로 된 글자의 훈[뜻]과 음[소리]을 써 보세요.

훈(뜻) :

음(소리) :

🔸 다음 밑줄 친 한자의 음[소리]을 바르게 고쳐 쓰세요.

문 아버지와 어머니를 아울러 <u>二</u>(어)인이라 말한다.
.... [   ]

🔸 다음 중 밑줄 친 뜻에 맞는 한자를 골라 연결하세요.

> 이러므로 남자가 부모를 떠나 그의 아내와 합하여 <u>둘</u>이 한 몸을 이룰지로다 [창세기 2:24]

🔔 二(두 이)가 쓰인 문장을 읽고, 한자어를 써 보세요.

二月 이 월
- 단어풀이 : 한 해의 열두 달 가운데 두 번째 달.
- 활용문장 : 올해도 二月 꽃샘추위를 겪어야 날이 풀리겠다.

二 月
두 이 달 월

二日 이 일
- 단어풀이 : 그 달의 둘째 날. 두 날.
- 활용문장 : 우리는 매월 二日 만나기로 약속했다.

二 日
두 이 날 일

二十 이 십
- 단어풀이 : '십'의 두 배가 되는 수.
- 활용문장 : 그 일을 하는 데에는 대략 二十년 쯤 걸린다.

二 十
두 이 열 십

▎사자성어 : 一石二鳥 (일석이조) / 一口二言 (일구이언)
▎갖은자 : 돈과 관련하여 숫자를 쓸 때는 '二'를 '貳'라 씁니다.
  (갖은자란 한자에서, 같은 뜻을 지닌 원래의 글자보다 획을 많이 하여 구성을 달리한 글자)

 석 삼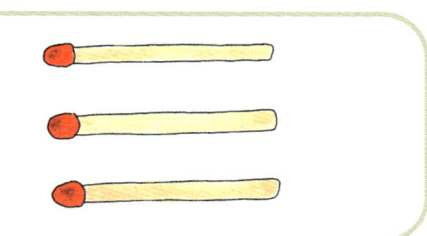

부수 一 (한 일)   총획 3획

간체자

훈(뜻) : 셋 또는 세개, 셋째 라는 뜻입니다.
음(소리) : 삼이라고 읽습니다.

• 三(sān)싼

三(석 삼)의 변천 과정을 살펴보고 어떻게 만들어졌나 잘 읽어보세요.

갑골문	전서	예서	해서
 ⇨	⇨	三 ⇨	三

三은 하늘[天]·땅[地]·사람[人]을 [三] 으로 표현하여 '셋' 의 뜻을 나타낸 글자로, '셋', '세 개', '셋 째' 라는 뜻으로 사용됩니다.

필순에 따라 三을 바르게 써 보세요.

💡 다음 그림을 보고 문장의 ( )안에 알맞은 한자를 써 보세요.

세(　　) 명의 친구들과 길거리 농구를 하였습니다.

우리 가족은 석(　　) 달 동안 해외여행을 다녀왔습니다.

💡 다음 거꾸로 된 글자의 훈[뜻]과 음[소리]을 써 보세요.

훈(뜻) :

음(소리) :

💡 다음 밑줄 친 한자의 음[소리]을 바르게 고쳐 쓰세요.

문 그녀는 서울에 올라온 지 三(섬)일만에 직장을 구했다.
··[　　　　]

💡 다음 중 밑줄 친 뜻에 맞는 한자를 골라 연결하세요.

삼십 명보다 존귀하나 그러나 세 사람에게는 미치지 못하였더라
다윗이 그를 세워 시위대 대장을 삼았더라 [사무엘하 23:23]

🏆 三(석 삼)이 쓰인 문장을 읽고, 한자어를 써 보세요.

三十 (삼십)

- **단어풀이**: '십'의 세 배가 되는 수.
- **활용문장**: 나는 매일 저녁 식사 후 三十분 정도 산책을 한다.

三	十
석 삼	열 십

三月 (삼월)

- **단어풀이**: 한 해의 열두 달 가운데 세 번째 달
- **활용문장**: 三月이 시작되면서 개나리며 진달래가 꽃망울을 터뜨렸다.

三	月
석 삼	달 월

三日 (삼일)

- **단어풀이**: 그달의 세 번째 날. 세날
- **활용문장**: 나는 태권도를 배운지 이제 겨우 三日이 되었다.

三	日
석 삼	날 일

- **사자성어**: 三顧草廬(삼고초려)
- **갖은자**: 돈과 관련하여 숫자를 쓸 때는 '三'을 '參'이라 씁니다. '參'은 '석 삼' 또는 '참여할 참'이라고 읽습니다.
  (갖은자란 한자에서, 같은 뜻을 지닌 원래의 글자보다 획을 많이 하여 구성을 달리한 글자)

 넉 사

부수 口 (에울 위)　　**총획** 5획

훈(뜻) : 넷이라는 뜻입니다.
음(소리) : 사라고 읽습니다.

간체자 四

• 四(sì)쓰

四(넉 사)의 변천 과정을 살펴보고 어떻게 만들어졌나 잘 읽어보세요.

갑골문	전서	예서	해서
三	⑰	四	四

口(에울 위)에 八(나눌 팔)을 넣은 글자로, 사방을 네 부분으로 나누는 모양[四] 으로 '넷' 이라는 뜻으로 사용됩니다.

 필순에 따라 四 를 바르게 써 보세요.

넉 사

ㅣ 冂 冂 四 四

💡 다음 그림을 보고 문장의 (   )안에 알맞은 한자를 써 보세요.

삼촌은 별이 네(   )개인 육군 장군입니다.

나는 목이 말라 물 넉(   ) 잔을 연거푸 마셨습니다.

💡 다음 거꾸로 된 글자의 훈[뜻]과 음[소리]을 써 보세요.

훈(뜻) :

음(소리) :

💡 다음 밑줄 친 한자의 음[소리]을 바르게 고쳐 쓰세요.

문 팔은 四(서)의 두 배이다.

··[   ]

💡 다음 중 밑줄 친 뜻에 맞는 한자를 골라 연결하세요.

등잔대 줄기에는 살구꽃 형상의 잔 넷과 꽃받침과 꽃이 있게 하고 [출애굽기 25:34]

🔰 四(넉 사)가 쓰인 문장을 읽고, 한자어를 써 보세요.

- 사자성어 : 四字成語 (사자성어), 四方八方 (사방팔방)
  四通八達 (사통팔달), 四面楚歌 (사면초가)
- 음은 같지만 뜻이 다른 한자 : 四 (넉 사)와 士 (선비 사), 死 (죽을 사)

복습 복습

앞에서 배운 **한자**를 확실하게 익히자!

1 다음 〈보기〉와 같이 한자의 뜻과 음을 쓰세요.

> 〈보기〉　月 → (달 월)
> 　　　　　　　↑ ↑
> 　　　　　　　뜻 음

① 一 → (　　　　　　　　　　　)
② 二 → (　　　　　　　　　　　)
③ 三 → (　　　　　　　　　　　)
④ 四 → (　　　　　　　　　　　)

2 다음 〈보기〉와 같이 뜻과 음에 알맞은 한자를 쓰세요.

> 〈보기〉　달 월 → (月)

① 한 일 → (　　　　　　　　　　　)
② 두 이 → (　　　　　　　　　　　)
③ 석 삼 → (　　　　　　　　　　　)
④ 넉 사 → (　　　　　　　　　　　)

3 다음 뜻에 해당 하는 한자를 쓰세요.

① 하나 → (　　　　)　　② 둘 → (　　　　)
③ 셋　 → (　　　　)　　④ 넷 → (　　　　)

4 다음 한자어를 〈보기〉와 같이 독음하세요.

> 〈보기〉　一月 → (일 월)

① 一二 → (　　　　　)　　② 二三 → (　　　　　)
③ 三四 → (　　　　　)　　④ 一四 → (　　　　　)

5 다음 (   )안에 알맞은 한자를 〈보기〉에서 찾아 써 보세요.

〈보기〉 四 三 二 一

태초에는 온천지가 하나여서 한(   )이고
천지창조 이뤄지니 하늘과땅 두(   )이며
하늘과땅 그사이에 사람있어 석(   )이니
네모안을 여덟팔로 나누니까 넉(   )로다

6 다음의 뜻·소리·한자를 서로 바르게 연결해 보세요.

하나 ·   · 사 ·   · 三

둘 ·   · 삼 ·   · 四

셋 ·   · 이 ·   · 一

넷 ·   · 일 ·   · 二

7 다음 □ 안에 알맞은 한자를 써 보세요.

일 인   이 월   삼 일   사 십

🔍 노래 부르며 한자를 익혀보세요.

활용곡 : 찬송가 438장(통495) 내 영혼이 은총 입어

🔍 성경에서 한자 찾아 읽기

- 노아는 五백 세 된 후에 셈과 함과 야벳을 낳았더라 [창세기 5:32]
- 홍수가 땅에 있을 때에 노아가 六백 세라 [창세기 7:6]
- 七일 후에 홍수가 땅에 덮이니 [창세기 7:10]
- 그 아들 이삭이 난 지 八일 만에 그가 하나님이 명령하신 대로 할례를 행하였더라 [창세기 21:4]

 다섯 오

부수 二(두이)   총획 4획   간체자 五

훈(뜻): 다섯이라는 뜻입니다.
음(소리): 오라고 읽습니다.

• 五 : (wǔ) 우

五(다섯 오)의 변천 과정을 살펴보고 어떻게 만들어졌나 잘 읽어보세요.

갑골문	전서	예서	해서
X	X	五	五

五에서 '二'는 하늘과 땅을 가리키고, 가운데의 'X'는 그 음·양이 합함을 나타내어, 화, 수, 목, 금, 토의 오행이 운행함을 나타낸 글자[X]로, '다섯' 이라는 뜻으로 사용됩니다.

 필순에 따라 五를 바르게 써 보세요.

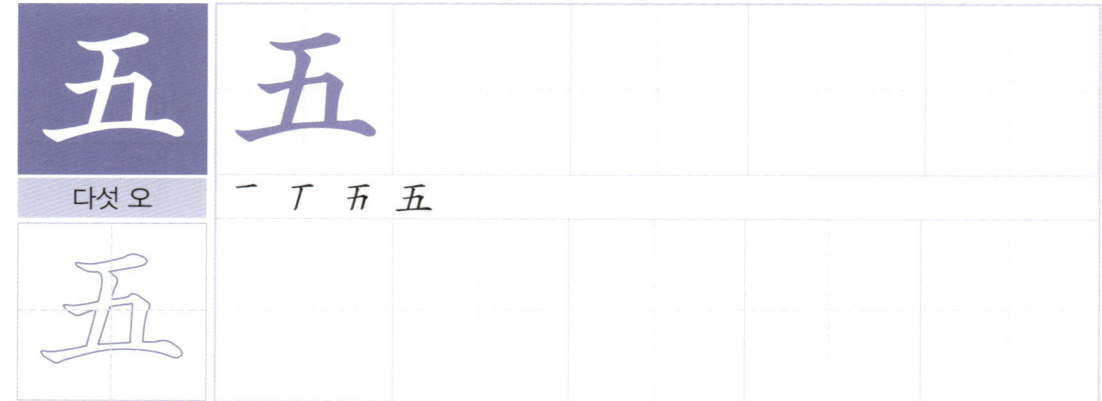

🌟 다음 그림을 보고 문장의 ( ) 안에 알맞은 한자를 써 보세요.

친구하고 정문에서 오후 다섯( ) 시에 만나기로 약속하였다.

주사위를 던졌는데 오( )가 나왔습니다.

🌟 다음 거꾸로 된 글자의 훈[뜻]과 음[소리]을 써 보세요.

또

훈(뜻) :

음(소리) :

🌟 다음 밑줄 친 한자의 음[소리]을 바르게 고쳐 쓰세요.

문 그는 암산으로 그 복잡한 합산을 단 五(우) 초에 끝내 버렸다.
.... [   ]

🌟 다음 중 밑줄 친 뜻에 맞는 한자를 골라 연결하세요.

제자들이 이르되 여기 우리에게 있는 것은 떡 다섯 개와
물고기 두 마리뿐이니이다 [마태복음 14:17]

五(다섯 오)가 쓰인 문장을 읽고, 한자어를 써 보세요.

- 단어풀이 : '십'의 다섯 배가 되는 수.
- 활용문장 : 어머니는 배추 五十포기를 김장하셨습니다.

五十 오십
다섯 오 열 십

- 단어풀이 : 일 년 열두 달 중의 다섯째 달
- 활용문장 : 五月은 가정의 달이라고 부릅니다.

五月 오월
다섯 오 달 월

- 단어풀이 : 다섯 번의 낮과 다섯 번의 밤이 지나가는 동안
- 활용문장 : 五月 五日은 어린이날입니다.

五日 오일
다섯 오 날 일

▎사자성어 : 三綱五倫(삼강오륜), 五餠二魚(오병이어)

 여섯 **륙**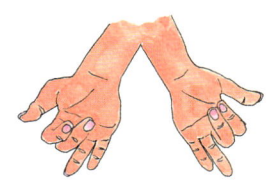

부수 八(여덟 팔)   총획 4획

간체자 六

훈(뜻) : 여섯이라는 뜻입니다.
음(소리) : 육이라고 읽습니다.

• 六(liù)리우

六(여섯 륙)의 변천 과정을 살펴보고 어떻게 만들어졌나 잘 읽어보세요.

갑골문	전서	예서	해서

六은 양 손의 세 손가락을 편 모양을 나타낸 글자로, '여섯' 이라는 뜻으로 사용됩니다.

필순에 따라 六을 바르게 써 보세요.

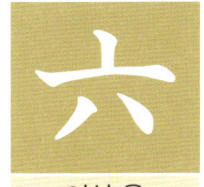 

여섯 육

💡 다음 그림을 보고 문장의 ( ) 안에 알맞은 한자를 써 보세요.

주사위는 정육면체의 각 면에 한 개에서 여섯( )개의 점이 찍혀 있는 장난감이다

내 생일에 여섯( )명의 친구들이 축하해 주었습니다.

💡 다음 거꾸로 된 글자의 훈[뜻]과 음[소리]을 써 보세요.

훈(뜻) :

음(소리) :

💡 다음 밑줄 친 한자의 음[소리]을 바르게 고쳐 쓰세요.

문 형은 六(육)개월 동안 밀린 월급을 한꺼번에 받았다고 한다.
···[   ]

💡 다음 중 밑줄 친 뜻에 맞는 한자를 골라 연결하세요.

여섯 가지 환난에서 너를 구원하시며 일곱 가지 환난
이라도 그 재앙이 네게 미치지 않게 하시며 [욥기 5:19]

🎓 六(여섯 륙)이 쓰인 문장을 읽고, 한자어를 써 보세요.

六十 육십

- 단어풀이 : '십'의 여섯 배가 되는 수
- 활용문장 : 우리 할머니는 六十살이 되셨는데도 머리에 흰 터럭 한 올 없습니다

六	十						
여섯 륙	열 십						

六月 유월

- 단어풀이 : 한 해의 열두 달 가운데의 여섯째 달.
- 활용문장 : 이모는 지난 六月 십일에 결혼하였습니다.

六	月						
여섯 륙	달 월						

六日 육일

- 단어풀이 : 그 달의 여섯째 날.
- 활용문장 : 六月 六日은 현충일입니다.

六	日						
여섯 륙	날 일						

▶ 사자성어 : 三十六計 (삼십육계)

6월을 일월. 삼월. 팔월처럼 '육월'이라 하지 않고 '유월'로 읽는 이유는 한자어는 본음으로도, 속음으로도 발음하기 때문입니다. 속음은 본음과 달리 일반 사회에서 널리 쓰는 음을 뜻합니다. '六月'을 '유월'로 읽는 경우 받침이 없는 것이 발음하기 쉽기 때문입니다. 음을 매끄럽게 한다는 의미에서 이런 변화를 '활음조(滑音調)' 현상이라 합니다. '유월'과 마찬가지로 '十月'도 '시월'로 읽습니다.

 일곱 칠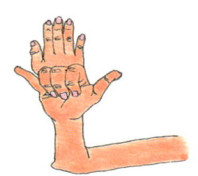

부수 七(한 일) 총획 2획

훈(뜻): 일곱이라는 뜻입니다.
음(소리): 칠이라고 읽습니다.

간체자 七

• 七(qī)치

七(일곱 칠)의 변천 과정을 살펴보고 어떻게 만들어졌나 잘 읽어보세요.

갑골문	전서	예서	해서
十 ⇨	七 ⇨	七 ⇨	七

七은 '十(열 십)'에서 손가락 세 개를 구부린 모양 [七]을 나타낸 글자로, '일곱' 이라는 뜻으로 사용됩니다.

 필순에 따라 七을 바르게 써 보세요.

🍄 다음 그림을 보고 문장의 ( ) 안에 알맞은 한자를 써 보세요.

나는 일곱(   ) 살 때   칠월 칠(   )석에는 견우와
초등학교에 입학했습니다.   직녀가 만난다고 합니다.

🍄 다음 거꾸로 된 글자의 훈[뜻]과 음[소리]을 써 보세요.

   훈(뜻) :

음(소리) :

🍄 다음 밑줄 친 한자의 음[소리]을 바르게 고쳐 쓰세요.

문 七(철)은 행운의 숫자이다.

···[   ]

🍄 다음 중 밑줄 친 뜻에 맞는 한자를 골라 연결하세요.

어린 양 <u>일곱</u> 마리에는 어린 양 한 마리마다 십분의 일을
드릴 것이며 [민수기 28 : 29]

💡 七(일곱 칠)이 쓰인 문장을 읽고, 한자어를 써 보세요.

七月
칠 월

단어풀이 : 한 해의 일곱째 달.
활용문장 : 七月에는 대부분 여름 방학을 합니다.

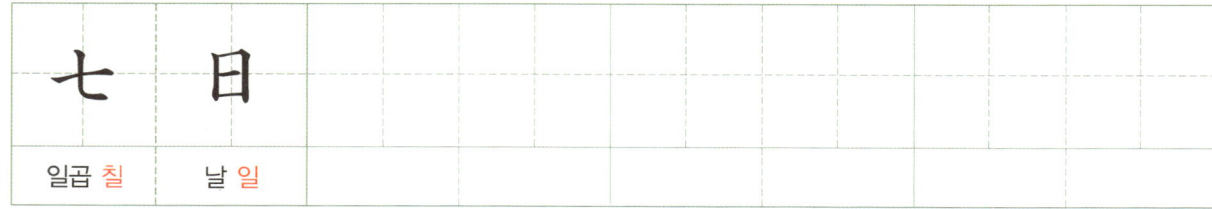

七	月							
일곱 칠	달 월							

七日
칠 일

단어풀이 : 한 달의 일곱째 날.
활용문장 : 일곱 날. 음력 七月 七日 밤에는 견우와 직녀가 오작교에서 일 년에 한 번 만난다는 전설이 있습니다.

七	日							
일곱 칠	날 일							

七十
칠 십

단어풀이 : '십'의 일곱 배가 되는 수.
활용문장 : 우리 할아버지는 七十이 되셨는데도 청년처럼 건강하십니다.

七	十							
일곱 칠	열 십							

■ 사자성어 : 北斗七星(북두칠성), 七顚八起(칠전팔기)

 여덟 팔

부수   八(여덟 팔)   총획 2획

간체자

훈(뜻) : 여덟이라는 뜻입니다.

음(소리) : 팔이라고 읽습니다.

• 八(bā)바

八(여덟 팔)의 변천 과정을 살펴보고 어떻게 만들어졌나 잘 읽어보세요.

갑골문	전서	예서	해서
八	八		八

八은 두 손을 네 손가락씩 펴서 들어 보이는 모양[八]을 나타낸 글자로, '여덟'이라는 뜻으로 사용됩니다.

🔔 필순에 따라 八을 바르게 써 보세요.

💡 다음 그림을 보고 문장의 ( ) 안에 알맞은 한자를 써 보세요.

광주리에는 여덟( ) 개의 사과가 담겨져 있습니다.

팔( )과 사는 이의 배수이다.

💡 다음 거꾸로 된 글자의 훈[뜻]과 음[소리]을 써 보세요.

훈(뜻) :

음(소리) :

💡 다음 밑줄 친 한자의 음[소리]을 바르게 고쳐 쓰세요.

문 일곱에 하나를 더하면 八(발)이 된다. ·· [   ]

💡 다음 중 밑줄 친 뜻에 맞는 한자를 골라 연결하세요.

> 일곱에게나 여덟에게 나눠 줄지어다 무슨 재앙이 땅에
> 임할는지 네가 알지 못함이니라 [전도서 11:2]

🔔 八(여덟 팔)이 쓰인 문장을 읽고, 한자어를 써 보세요.

八月
팔 월

단어풀이 : 한 해의 여덟 번째 달.
활용문장 : 八月 십오일은 광복절입니다.

여덟 **팔** 달 **월**

八日
팔 일

단어풀이 : 그 달의 여덟째 날.
활용문장 : 사월 八日은 사월 초파일이라고 합니다.

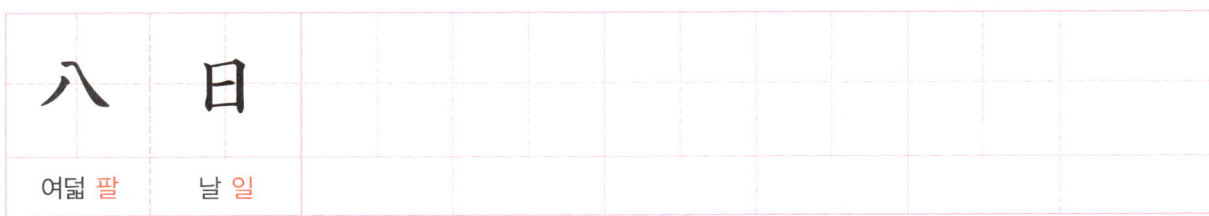

여덟 **팔** 날 **일**

八十
팔 십

단어풀이 : 십의 여덟 배가 되는 수.
활용문장 : 八十을 열 배하면 팔백입니다.

여덟 **팔** 열 **십**

■ 사자성어 : 十中八九(십중팔구), 八方美人(팔방미인), 四通八達(사통팔달)

복습 복습 — 앞에서 배운 한자를 확실하게 익히자!

1 다음 〈보기〉와 같이 한자의 뜻과 음을 쓰세요.

〈보기〉 月 → (달 월)
           ↑ ↑
           뜻 음

① 五 → (   )
② 六 → (   )
③ 七 → (   )
④ 八 → (   )

2 다음 〈보기〉와 같이 뜻과 음에 알맞은 한자를 쓰세요.

〈보기〉 달 월 → (月)

① 다섯 오 → (   )
② 여섯 륙 → (   )
③ 일곱 칠 → (   )
④ 여덟 팔 → (   )

3 다음 뜻에 해당 하는 한자를 쓰세요.

① 다섯 → (   )   ② 여섯 → (   )
③ 일곱 → (   )   ④ 여덟 → (   )

4 다음 한자어를 〈보기〉와 같이 독음하세요.

〈보기〉 一月 → (일월)

① 五六 → (   )   ② 六七 → (   )
③ 七八 → (   )   ④ 八五 → (   )

5 다음 ( )안에 알맞은 한자를 〈보기〉에서 찾아 써 보세요.

> 〈보기〉 七 八 六 五

천지간에 물과나무 불과쇠흙 다섯( )고
양손가락 열개인데 네개빼니 여섯( )에
열손가락 쫙폈다가 세개감춘 일곱( )과
엄지숨긴 네손가락 펼쳐보인 여덟( )자

6 다음의 뜻·소리·한자를 서로 바르게 연결해 보세요.

다섯 ·	· 육 ·	· 八
여섯 ·	· 오 ·	· 七
일곱 ·	· 팔 ·	· 五
여덟 ·	· 칠 ·	· 六

7 다음 □ 안에 알맞은 한자를 써 보세요.

十	日	月	日
오 십	육 일	칠 월	팔 일

💡 노래 부르며 한자를 익혀보세요.

양손 팔목 교차시켜 한개빼면 아홉 九 고
구

가로 동서 세로남북 완전한 수 열 十 이며
십

남들보다 앞서가는 사람이란 먼저 先 자
선

하늘의 뜻 사람과 땅 다스리는 임금 王 자
왕

활용곡 : 찬송가 438장(통495) 내 영혼이 은총 입어

💡 성경에서 한자 찾아 읽기

> 아브람이 九十九세 때에 여호와께서 아브람에게 나타나서
> 그에게 이르시되 나는 전능한 하나님이라 너는 내 앞에서
> 행하여 완전하라 [창세기 17:1]
>
> 평안히 죽을 것이며 사람이 너보다 먼저 있은 네 조상들 곧 先王들
> 에게 분향하던 것 같이 네게 분향하며 [예레미야 34:5]

 아홉 구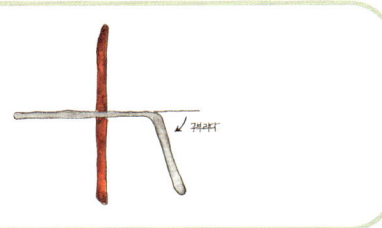

| 부수 | 乙(새 을) | 총획 | 2획 |

훈(뜻) : 아홉 이라는 뜻입니다.
음(소리) : 구 라고 읽습니다.

간체자 九

• 九(jiǔ)지우

九(아홉 구)의 변천 과정을 살펴보고 어떻게 만들어졌나 잘 읽어보세요.

| 갑골문 | ⇨ | 전서 | ⇨ | 예서 | ⇨ | 해서 |

九는 '열 십 (十)' 자의 가로 획을 구부려 하나가 모자란다는 뜻을 나타낸 글자로, '아홉' 이라는 뜻으로 사용됩니다.

필순에 따라 九를 바르게 써 보세요.

아홉 구

ノ 九

💡 다음 그림을 보고 문장의 (   )안에 알맞은 한자를 써 보세요.

학교 벽에 걸린 시계가 아홉(   )
시를 가리키고 있었다.

친구와 헤어진 지
구(   )년이 지났다.

💡 다음 거꾸로 된 글자의 훈[뜻]과 음[소리]을 써 보세요.

훈(뜻) :

음(소리) :

💡 다음 밑줄 친 한자의 음[소리]을 바르게 고쳐 쓰세요.

문 九(고)년 동안 장마가 지고 큰물이 나는 가운데 햇볕 나기를 기다린다.
·· [   ]

💡 다음 중 밑줄 친 뜻에 맞는 한자를 골라 연결하세요.

진실로 너희에게 이르노니 만일 찾으면 길을 잃지 아니한
아흔아홉 마리보다 이것을 더 기뻐하리라 [마태복음 18:13]

🔔 九 (아홉 구)가 쓰인 문장을 읽고, 한자어를 써 보세요.

九月
구 월

단어풀이 : 한해의 열두 달 가운데 아홉 번째 달.
활용문장 : 이 마을은 매년 九月에 체육대회가 열립니다.

九	月					
아홉 구	달 월					

九日
구 일

단어풀이 : 그 달의 아홉째 날.
활용문장 : 음력 九月 九日은 옛 명절의 하나로 국화 꽃잎으로 국화전을 부쳐 먹었다는 중구절입니다.

九	日					
아홉 구	날 일					

九九
구 구

단어풀이 : 곱셈에 쓰는 기초 공식.
활용문장 : 오늘 숙제는 九九단을 외워오는 것입니다.

九	九					
아홉 구	아홉 구					

■ 사자성어 : 十中八九(십중팔구), 九曲肝腸(구곡간장), 九牛一毛(구우일모), 九折羊腸(구절양장)
■ 동음이의자 : 九(아홉 구)와 口(입 구)

부수 十 (열 십)   총획 2획

훈(뜻) : 열이라는 뜻입니다.
음(소리) : 십이라고 읽습니다.

간체자 十

• 十(shí) 스

十(열 십)의 변천 과정을 살펴보고 어떻게 만들어졌나 잘 읽어보세요.

十은 '一'은 동서를 나타내고 'l'은 남북을 뜻하여서 동서남북[十]의 가운데가 완전하다하여 수의 '열' 이라는 뜻으로 사용됩니다.

필순에 따라 十을 바르게 써 보세요.

🔖 다음 그림을 보고 문장의 (   )안에 알맞은 한자를 써 보세요.

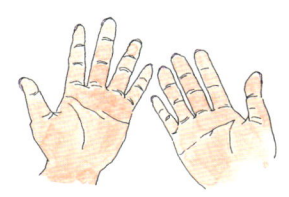

손가락은 모두
열(   ) 개입니다.

삼촌은 십(   )년 만에
미국에서 귀국 하였다.

🔖 다음 거꾸로 된 글자의 훈[뜻]과 음[소리]을 써 보세요.

훈(뜻) :

음(소리) :

🔖 다음 밑줄 친 한자의 음[소리]을 바르게 고쳐 쓰세요.

문 十(심)년 묵은 체증이 내리다.

.... [   ]

🔖 다음 중 밑줄 친 뜻에 맞는 한자를 골라 연결하세요.

물이 점점 줄어들어 <u>열째</u> 달 곧 그 달 초하룻날에 산들의
봉우리가 보였더라 [창세기 8:5]

•

💡 十 (열 십)이 쓰인 문장을 읽고, 한자어를 써 보세요.

九十 구십
- 단어풀이 : 십의 아홉 배가 되는 수.
- 활용문장 : 오늘은 비 올 확률이 九十 퍼센트 이상이라고 합니다.

九	十
아홉 구	열 십

十日 십일
- 단어풀이 : ① 그 달의 열째 날. ② 열 날의 기간.
- 활용문장 : 영호는 十日 동안 남해로 여행을 떠났습니다.

十	日
열 십	날 일

十月 시월
- 단어풀이 : 한 해의 열두 달 가운데 열 번째 달.
- 활용문장 : 十月 九日은 한글날입니다.

十	月
열 십	달 월

▶ 사자성어 : 十中八九(십중팔구), 聞一知十(문일지십) 10월을 일월. 삼월. 팔월처럼 '십월'이라 하지 않고 '시월'로 부르는 이유는 한자어는 본음으로도 속음으로도 발음하기 때문입니다. 속음은 본음과 달리 일반 사회에서 널리 쓰는 음을 뜻합니다. 十月을 '시월'로 읽는 경우 받침이 없는 것이 발음하기 쉽기 때문입니다. 음을 매끄럽게 한다는 의미에서 이런 변화를 '활음조(滑音調)' 현상이라 합니다. '시월'과 마찬가지로 六月도 '유월'로 읽습니다.

 먼저 선

부수 儿 (사람 인)   총획 6획

간체자 先

훈(뜻) : 먼저 또는 앞서다는 뜻입니다.

음(소리) : 선이라고 읽습니다.

• 先(xiān)시앤

先(먼저 선)의 변천 과정을 살펴보고 어떻게 만들어졌나 잘 읽어보세요.

갑골문	전서	예서	해서
⇨	⇨	⇨	

先은 남보다 앞서 가는[止] 사람[儿]이라는 뜻을 나타낸 글자로, '먼저', '앞서다' 라는 뜻으로 사용됩니다.

 필순에 따라 先을 바르게 써 보세요.

💡 다음 그림을 보고 문장의 (　)안에 알맞은 한자를 써 보세요.

집에 오면 먼저(　　) 　　　　　　　선(　　)생님이
손과 발을 깨끗이 씻어라. 　　　　　 칭찬해 주셨습니다.

💡 다음 거꾸로 된 글자의 훈[뜻]과 음[소리]을 써 보세요.

　　　　훈(뜻) :

　　　　　　　　　　음(소리) :

💡 다음 밑줄 친 한자의 음[소리]을 바르게 고쳐 쓰세요.

예 김 선수가 홈런 부문 단독 先(순)두에 올랐다.
……………………………………………………………[　　　　]

💡 다음 중 밑줄 친 뜻에 맞는 한자를 골라 연결하세요.

> 형제를 사랑하여 서로 우애하고 존경하기를 서로 먼저 하며
> [로마서 12:10]

先(먼저 선)이 쓰인 문장을 읽고, 한자어를 써 보세요.

先生
선 생

- 단어풀이 : 학생을 가르치는 사람을 두루 이르는 말.
- 활용문장 : 학교에서 아이들을 가르치는 先生이 되는 게 내 꿈이다.

先	生									
먼저 선	날 생									

先人
선 인

- 단어풀이 : 전대(前代)의 사람.
- 활용문장 : 유적지들을 둘러보면 옛 先人의 숨결을 느낄 수 있다.

先	人									
먼저 선	사람 인									

先山
선 산

- 단어풀이 : 조상의 무덤이 있는 산.
- 활용문장 : 실향민의 소원은 죽어서나마 고향 先山에 묻히는 것이다.

先	山									
먼저 선	메 산									

- 상대자 : 先 ⇔ 後 / 先(먼저 선)의 상대자는 後(뒤 후)입니다.
- 반대어 : 先人 ⇔ 後人 / 선인(先人)의 반대어는 후인(後人)입니다.
  先代 ⇔ 後代 / 선대(선대)의 반대어는 후대(後代)입니다.
- 동음이의어 : 先(먼저 선)과 善(착할 선), 船(배 선) ■ 사자성어 : 先公後私(선공후사)

 임금 왕

| 부수 | 玉 (구슬 옥) | 총획 | 4획 |

훈(뜻) : 임금 또는 왕이라는 뜻입니다.
음(소리) : 왕이라고 읽습니다.

간체자 王

• 王(wáng)왕

王(임금 왕)의 변천 과정을 살펴보고 어떻게 만들어졌나 잘 읽어보세요.

| 갑골문 | 전서 | 예서 | 해서 |
| 王 → 王 → 王 → 王 |

王왕은 하늘 [天]·땅[地]·사람[人]을 상징하는 '三'을 통하게 [l]하는 땅 위 백성들을 다스리는 '왕', '임금' 이라는 뜻으로 사용됩니다.

💡 필순에 따라 王을 바르게 써 보세요.

임금 왕

一 二 千 王

💡 다음 그림을 보고 문장의 ( )안 에 알맞은 한자를 써 보세요.

백마를 탄 왕( )자가
다가왔습니다.

어린 임금( )은 나랏일을
잘 처리해 나갔습니다.

💡 다음 거꾸로 된 글자의 훈[뜻]과 음[소리]을 써 보세요.

王 (거꾸로)   훈(뜻) :

    음(소리) :

💡 다음 밑줄 친 한자의 음[소리]을 바르게 고쳐 쓰세요.

문 백수의 王(앙)인 사자가 이쪽으로 어슬렁어슬렁 걸어온다.
··· [   ]

💡 다음 중 밑줄 친 뜻에 맞는 한자를 골라 연결하세요.

마음의 정결을 사모하는 자의 입술에는 덕이 있으므로 임금이
그의 친구가 되느니라 [잠언 22:11]

💡 王(임금 왕)이 쓰인 문장을 읽고, 한자어를 써 보세요.

王子
왕 자

단어풀이 : 임금의 아들.
활용문장 : 어린 王子는 글재주와 무예가 출중하였습니다.

王	子							
임금 왕	아들 자							

父王
부 왕

단어풀이 : 아버지인 임금을 이르던 말.
활용문장 : 왕세자는 父王의 윤허를 받고 온천에 요양을 갔다.

父	王							
아버지 부	임금 왕							

女王
여 왕

단어풀이 : 여자 임금.
활용문장 : 내년에 영국 女王이 한국을 방문한다고 합니다.

女	王							
여자 녀	임금 왕							

▎상대자 : 王⇔臣 / 王(임금 왕)의 상대자는 臣(신하 신)입니다.
▎유의자 : 王(임금 왕) = 君(임금 군) = 帝(임금 제) = 皇(임금 황) = 主(임금 주)
▎모양이 비슷한 한자 : 王(임금 왕)과 主(임금 주)

복습 복습

앞에서 배운 한자를 확실하게 익히자!

1 다음 〈보기〉와 같이 한자의 뜻과 음을 쓰세요.

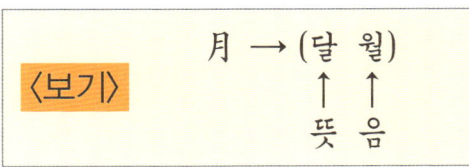

① 九 → ( )
② 十 → ( )
③ 先 → ( )
④ 王 → ( )

2 다음 〈보기〉와 같이 뜻과 음에 알맞은 한자를 쓰세요.

〈보기〉 달 월 → (月)

① 임금 왕 → ( )
② 먼저 선 → ( )
③ 열　십 → ( )
④ 아홉 구 → ( )

3 다음 뜻에 해당 하는 한자를 쓰세요.

① 아홉 → ( )　② 먼저 → ( )
③ 열 → ( )　④ 임금 → ( )

4 다음 한자어를 〈보기〉와 같이 독음하세요.

〈보기〉　一 月 → (일월)

① 九十 → ( )　② 先王 → ( )
③ 十九 → ( )　④ 十王 → ( )

5 다음 (　) 안에 알맞은 한자를 〈보기〉에서 찾아 써 보세요.

| 〈보기〉 | 十　王　九　先 |

양 손 팔 목　교 차 시 켜　한 개 빼 면　아 홉 (　) 고
가 로 동 서　세 로 남 북　완 전 한 수　열 (　) 이 며
남 들 보 다　앞 서 가 는　사 람 이 란　먼 저 (　) 자
하 늘 의 뜻　사 람 과 땅　다 스 리 는　임 금 (　) 자

6 다음의 뜻·소리·한자를 서로 바르게 연결해 보세요.

아홉 ·　　　· 왕 ·　　　· 先

열 ·　　　· 선 ·　　　· 王

먼저 ·　　　· 십 ·　　　· 九

임금 ·　　　· 구 ·　　　· 十

7 다음 □ 안에 알맞은 한자를 써 보세요.

　月　　　日　　　人　　　王
구　월　　십　일　　선　인　　여　왕

1주 노래

태초에는 온천지가 하나여서 한 一(일) 이고
천지창조 이뤄지니 하늘과 땅 두 二(이) 이며
하늘과 땅 그 사이에 사람있어 석 三(삼) 이니
네모안을 여덟팔로 나누니까 넉 四(사) 로다

2주 노래

천지간에 물과나무 불과쇠흙 다섯 五(오) 고
양손가락 열개인데 네개빼니 여섯 六(육) 에
열손가락 쫙폈다가 세개감춘 일곱 七(칠) 과
엄지숨긴 네손가락 펼쳐보인 여덟 八(팔) 자

3주 노래

양손팔목 교차시켜 한개빼면 아홉 九(구) 고
가로동서 세로남북 완전한수 열 十(십) 이며
남들보다 앞서가는 사람이란 먼저 先(선) 자
하늘의뜻 사람과땅 다스리는 임금 王(왕) 자

1 뜻과 음을 큰 소리로 읽으면서 한자를 쓰세요.

뜻과 음	한자
한 일	一
두 이	二
석 삼	三
넉 사	四
다섯 오	五
여섯 륙	六
일곱 칠	七
여덟 팔	八
아홉 구	九
열 십	十
먼저 선	先
임금 왕	王

2) 다음 뜻과 음에 해당하는 한자를 쓰세요.

① 한 일 → 　　　　② 두 이 →

③ 석 삼 → 　　　　④ 넉 사 →

⑤ 다섯 오 → 　　　　⑥ 여섯 륙 →

⑦ 일곱 칠 → 　　　　⑧ 여덟 팔 →

⑨ 아홉 구 → 　　　　⑩ 열 십 →

3) 다음 한자어의 독음을 쓰세요.

① 先王 ⇨ (　　) ② 二三 ⇨ (　　)

③ 一二 ⇨ (　　) ④ 四五 ⇨ (　　)

⑤ 三四 ⇨ (　　) ⑥ 六七 ⇨ (　　)

⑦ 五六 ⇨ (　　) ⑧ 八九 ⇨ (　　)

⑨ 七八 ⇨ (　　) ⑩ 七十 ⇨ (　　)

4 다음 한자의 독음을 (   ) 안에 쓰세요.

① 우리는 다정하게 걷고 있는 **七十**(   )대의 노부부를 만날 수 있었다.

② 감기가 걸려서 **五六**(   )일 동안 꼼짝도 못하고 집에서 쉬어야 했다.

③ 그 섬까지는 물길로 **三四**(   )일 정도 걸린다.

④ 그 산을 오른다고 떠났던 사람 중 열에 **四五**(   )는 되돌아 오더라.

⑤ 직각 삼각형은 반드시 한 각이 **九十**(   )도가 되어야 한다.

⑥ 우리가 그 일을 끝내는 데는 **八九**(   )개월 가량 걸린다.

⑦ 내 나이 비록 육십이지만 마음만은 어제나 **二八**(   )청춘이라네.

⑧ 돌아가신 **先王**(   )의 뜻을 받들기로 합시다.

⑨ 쓰레기를 수거하는 일이 **六十**(   )이 다 된 김 씨에게는 너무 벅찼다.

⑩ 무슨 고기 일인 분에 **七八**(   )만 원이나 한다고 그러니?

5 다음 한자의 뜻과 음을 쓰세요.

① 一 →	② 二 →
③ 三 →	④ 四 →
⑤ 五 →	⑥ 六 →
⑦ 七 →	⑧ 八 →
⑨ 九 →	⑩ 十 →

6 다음 밑줄 친 한자어를 한자로 쓰세요.

❶ 오후에 손님이 <u>일이</u> 명 더 올 것 같다.
(　　　)

❷ 우리는 <u>삼사</u> 개월 후에 이사를 갈 예정이야.
(　　　)

❸ 그는 <u>오륙</u> 명이 할 일을 혼자서 서너 시간 만에 다 끝냈다.
(　　　)

❹ 나는 한 <u>칠팔</u> 년쯤 전에 이곳에 온 적이 있어요.
(　　　)

❺ 오늘은 비 올 확률이 <u>구십</u> 퍼센트 이상이라고 한다.
(　　　)

❻ 어머니는 <u>이팔</u>청춘 꽃다운 시절에 아버지를 만나 결혼하셨다고 한다.
(　　　)

❼ 우리 할아버지는 <u>칠십</u>이 되셨는데도 청년처럼 건강하시다.
(　　　)

❽ 김 선생이 떠난 지 <u>사오</u> 일이 지났다.
(　　　)

❾ 학교는 여기서 <u>육칠</u> 리쯤 떨어진 곳에 있습니다.
(　　　)

❿ 그 노인은 <u>육십</u>이 넘었는데도 머리에 흰 터럭 한 올 없었다.
(　　　)

7 다음 (　)안에 알맞은 한자의 번호를 〈보기〉에서 찾아 쓰세요.

〈보기〉　① 四　② 七　③ 王　④ 一　⑤ 九　⑥ 六
　　　　⑦ 先　⑧ 五　⑨ 八　⑩ 十　⑪ 三　⑫ 二

태초에는 온천지가 하나여서 한(　)이고
천지창조 이뤄지니 하늘과땅 두(　)이며
하늘과땅 그사이에 사람있어 석(　)이니
네모안을 여덟팔로 나누니까 넉(　)로다

천지간에 물과나무 불과쇠흙 다섯(　)고
양손가락 열개인데 네개빼니 여섯(　)에
열손가락 쫙폈다가 세개감춘 일곱(　)과
엄지숨긴 네손가락 펼쳐보인 여덟(　)자

양손팔목 교차시켜 한개빼면 아홉(　)고
가로동서 세로남북 완전한수 열(　)이며
남들보다 앞서가는 사람이란 먼저(　)자
하늘의뜻 사람과땅 다스리는 임금(　)자

🔦 노래 부르며 한자를 익혀보세요.

초승달을 그렸는데 구름지나 달月이며
모닥불에 불꽃튀는 모양그려 불火이고
흐르는 물 수평인데 세워서 쓴 물水이며
줄기에서 가지나고 뿌리뻗은 나무木자

활용곡 : 찬송가 323장(통355) 부름 받아 나선 이 몸

🔦 성경에서 한자 찾아 읽기

- 또 장인이 네게 많이 있나니 곧 석수와 木수와 온갖 일에 익숙한 모든사람 이니라 [역대상 22:15]

- 여호와께 火제로 예물을 드리면 기쁘게 받으심이 되리라 [레위기 22:27]

- 내 마음이 너희의 月삭과 정한 절기를 싫어하나니 그것이 내게 무거운 짐이라 내가 지기에 곤비하였느니라 [이사야 1:14]

 달 월

부수 月(달 월)　**총획** 4획

훈(뜻): 달이라는 뜻입니다.

음(소리): 월이라고 읽습니다.

간체자 月

• 月(yuè)위웨

月(달 월)의 변천 과정을 살펴보고 어떻게 만들어졌나 잘 읽어보세요.

갑골문	전서	예서	해서
☽ ⇨	☽ ⇨	月 ⇨	月

月은 초승달에 구름이 지나가는 모양[☽]을 본뜬 글자로, '달' 이라는 뜻으로 사용됩니다.

필순에 따라 月을 바르게 써 보세요.

달 월　　ノ 几 月 月

🔦 다음 그림을 보고 문장의 (   )안에 알맞은 한자를 써 보세요.

쟁반 같이 둥근 보름
달(   )이 떴습니다.

오늘은 한 주가 시작되는
월(   )요일 입니다.

🔦 다음 거꾸로 된 글자의 훈[뜻]과 음[소리]을 써 보세요.

훈(뜻) :

음(소리) :

🔦 다음 밑줄 친 한자의 음[소리]을 바르게 고쳐 쓰세요.

문 그의 근무 날짜는 月(올), 수, 금이다.

.... [   ]

🔦 다음 중 밑줄 친 뜻에 맞는 한자를 골라 연결하세요.

물이 점점 줄어들어 열째 달 곧 그 달 초하룻날에 산들의 봉우리
가 보였더라 [창세기 8 : 5]

💡 月(달 월)이 쓰인 문장을 읽고, 한자어를 써 보세요.

七月
칠 월

단어풀이 : 한 해의 일곱째 달.
활용문장 : 七月에 하는 여름 방학이 벌써부터 기다려집니다.

七	月				
일곱 칠	달 월				

月日
월 일

단어풀이 : 달과 날을 아울러 이르는 말.
활용문장 : 그는 태어난 장소와 月日도 불확실한 사람이었다.

月	日				
달 월	해 일				

王月
왕 월

단어풀이 : '정월'을 달리 이르는 말.
활용문장 : '1월'을 달리 王月이라 합니다.

王	月				
임금 왕	달 월				

▪ 상대자 : 月 ⇔ 日 / 달(月)의 상대자는 해(日)입니다.
▪ 반의어 : 月初 ⇔ 月末 / 월초(月初)의 반의어는 월말(月末)입니다.
▪ 사자성어 : 月下氷人 (월하빙인)

 불 화

부수 火(불 화)   총획 4획

간체자 火

훈(뜻) : 불이라는 뜻입니다.

음(소리) : 화라고 읽습니다.

• 火(huǒ)훠

火(불 화)의 변천 과정을 살펴보고 어떻게 만들어졌나 잘 읽어보세요.

갑골문	전서	예서	해서

火는 불꽃을 튀기며 활활 타오르는 불의 모양[]을 본뜬 글자로, '불' 이라는 뜻으로 사용됩니다.

필순에 따라 火를 바르게 써 보세요.

💡 다음 그림을 보고 문장의 (　)안에 알맞은 한자를 써 보세요.

나는 화(　)산이 폭발하였다는 뉴스를 들었습니다.

대보름날 밤에 동네 친구들과 불(　)놀이를 하였습니다.

💡 다음 거꾸로 된 글자의 훈[뜻]과 음[소리]을 써 보세요.

훈(뜻) :

음(소리) :

💡 다음 밑줄 친 한자의 음[소리]을 바르게 고쳐 쓰세요.

문 나는 울컥 치미는 火(하)를 참지 못하여 소리를 지르고 말았다.

．． [　　　　]

💡 다음 중 밑줄 친 뜻에 맞는 한자를 골라 연결하세요.

이미 도끼가 나무 뿌리에 놓였으니 좋은 열매를 맺지 아니하는 나무마다 찍혀 <u>불</u>에 던져지리라 [마태복음 3:10]

🔥 火 (불 화)가 쓰인 문장을 읽고, 한자어를 써 보세요.

火力 화력

- 단어풀이 : 총포 따위와 같은 무기의 위력.
- 활용문장 : 도시가스는 火力이 세고 불꽃 조절이 자유로우며 위생적이다.

火	力								
불 화	힘 력								

火山 화산

- 단어풀이 : 땅속의 마그마와 암석, 가스 따위가 지상으로 뿜어져 나오는 현상.
- 활용문장 : 백두산 火山이 언제 폭발할지 모른다고 한다.

火	山								
불 화	메 산								

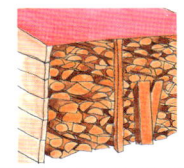

火木 화목

- 단어풀이 : 불 때는 데 쓰는 나무.
- 활용문장 : 아저씨는 겨울 날 준비를 위해 火木을 가득 쌓아 놓았습니다.

火	木								
불 화	나무 목								

- 상대자 : 火 ⇔ 水 / 불(火)의 상대자는 물(水)입니다.
- 상대자 : 燈火可親 (등화가친)

 물 수

| 부수 | 水(물수) | 총획 | 4획 |

간체자 水

- 水(shuǐ)슈이

훈(뜻) : 물이라는 뜻입니다.
음(소리) : 수 라고 읽습니다.

水(물 수)의 변천 과정을 살펴보고 어떻게 만들어졌나 잘 읽어보세요.

갑골문	전서	예서	해서
⫶⫶	⨊	氺	水

水는 물은 수평으로 흐르지만 산 위에서 아래로 끊임없이 흐르고 있는 모양 [⫶⫶]을 세워서 쓴 글자로, '물' 이라는 뜻으로 사용됩니다.

 필순에 따라 水를 바르게 써 보세요.

물 수   ㅣ 刁 氺 水

🔦 다음 그림을 보고 문장의 (   )안에 알맞은 한자를 써 보세요.

가족들과 물(   )
놀이를 하였습니다.

매주 수(   )요일에는
수업이 끝납니다.

🔦 다음 거꾸로 된 글자의 훈[뜻]과 음[소리]을 써 보세요.

훈(뜻) :

음(소리) :

🔦 다음 밑줄 친 한자의 음[소리]을 바르게 고쳐 쓰세요.

문 우리나라는 산 水(소)가 아름답기로 유명하다.
.... [   ]

🔦 다음 중 밑줄 친 뜻에 맞는 한자를 골라 연결하세요.

하나님이 뭍을 땅이라 부르시고 모인 물을 바다라 부르시니
하나님이 보시기에 좋았더라 [창세기 1:10]

水 (물 수)가 쓰인 문장을 읽고, 한자어를 써 보세요.

下水
하 수

단어풀이 : 사용한 후 버리는 더러운 물.
활용문장 : 오염된 下水를 강물에 몰래 버린 업자가 구속되었다고 합니다.

下	水						
아래 하	물 수						

上水
상 수

단어풀이 : 수도관을 통하여 보내는 맑은 물.
활용문장 : 한강 上水원 보호구역도 오염되고 있다고 한다.

上	水						
위 상	물 수						

水分
수 분

단어풀이 : 물의 축축한 기운.
활용문장 : 건강을 위해 매일 적당량의 水分을 섭취해야 한다.

水	分						
물 수	나눌 분						

▍상대자 : 水 ⇔ 火 / 물(水)의 상대자는 불(火)입니다.
▍반의어 : 上水 ⇔ 下水 / 상수(上水)는 윗물이니 반의어는 아랫물인 하수(下水)입니다.

 나무 목

부수 木(나무 목)　총획 4획　　간체자

훈(뜻) : 목이라고 읽습니다.
음(소리) : 나무라는 뜻입니다.

• 木(mù) 뮤

木(나무 목)의 변천 과정을 살펴보고 어떻게 만들어졌나 잘 읽어보세요.

갑골문		전서		예서		해서
	⇨		⇨		⇨	

木은 땅에 뿌리를 박고 선 나무의 가지와 줄기와 뿌리의 모양[木]을 본뜬 글자로, '나무'라는 뜻으로 사용됩니다.

필순에 따라 木을 바르게 써 보세요.

나무 목

一 十 才 木

🔆 다음 그림을 보고 문장의 (   )안에 알맞은 한자를 써 보세요.

어제는 화요일이었으니 내일은
목(   )요일이 틀림 없습니다.

식목일에 아버지하고
나무(   )를 심었습니다.

🔆 다음 거꾸로 된 글자의 훈[뜻]과 음[소리]을 써 보세요.

훈(뜻) :

음(소리) :

🔆 다음 밑줄 친 한자의 음[소리]을 바르게 고쳐 쓰세요.

문 우리 동네 목욕탕은 매주 木(묵)요일이 정기 휴일이다.

···[   ]

🔆 다음 중 밑줄 친 뜻에 맞는 한자를 골라 연결하세요.

선악을 알게 하는 나무의 열매는 먹지 말라 네가 먹는
날에는 반드시 죽으리라 하시니라 [창세기 2:17]

•

💡 木(나무 목)이 쓰인 문장을 읽고, 한자어를 써 보세요.

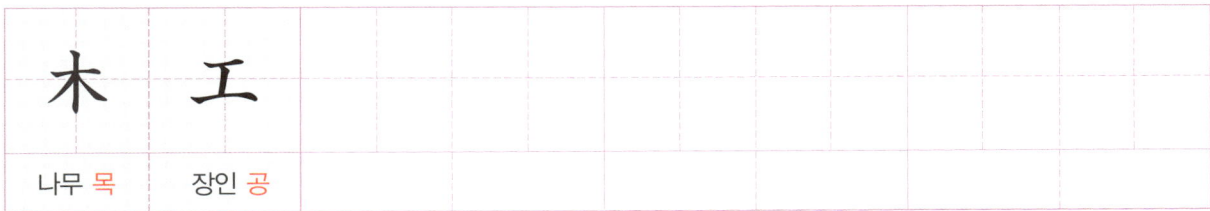

木工
목공

단어풀이 : 나무를 다루어 물건을 만드는 일.
활용문장 : 내 취미는 木工 입니다.

木	工							
나무 목	장인 공							

土木
토목

단어풀이 : 흙과 나무를 아울러 이르는 말.
활용문장 : 우리 집은 土木으로 지어진 전통 가옥입니다.

土	木							
흙 토	나무 목							

火木
화목

단어풀이 : 불 때는 데 쓰는 나무.
활용문장 : 火木으로 쓸 나무를 주어 모았습니다.

火	木							
불 화	나무 목							

▌ 사자성어 : 緣木求魚(연목구어)
▌ 모양이 비슷한 한자 : 木(나무 목)과 本(밑 본)

복습 복습
앞에서 배운 한자를 확실하게 익히자!

1 다음 〈보기〉와 같이 한자의 뜻과 음을 쓰세요.

〈보기〉 三 → (석 삼)
         ↑ ↑
         뜻 음

❶ 月 → (   )
❷ 火 → (   )
❸ 水 → (   )
❹ 木 → (   )

2 다음 〈보기〉와 같이 뜻과 음에 알맞은 한자를 쓰세요.

〈보기〉 석 삼 → (三)

❶ 달 월 → (   )
❷ 불 화 → (   )
❸ 물 수 → (   )
❹ 나무 목 → (   )

3 다음 뜻에 해당하는 한자를 쓰세요.

❶ 나무 → (   )   ❷ 물 → (   )
❸ 불 → (   )   ❹ 달 → (   )

4 다음 한자어를 〈보기〉와 같이 독음하세요.

〈보기〉 一月 → (일월)

❶ 火木 → (   )   ❷ 水月 → (   )
❸ 水火 → (   )   ❹ 木月 → (   )

5 다음 ( )안에 알맞은 한자를 〈보기〉에서 찾아 써 보세요.

> 〈보기〉　木　火　水　月

초승달을 그렸는데 구름지나 달( )이며
모닥불에 불꽃튀는 모양그려 불( )이고
흐르는물 수평인데 세워서쓴 물( )이며
줄기에서 가지나고 뿌리뻗은 나무( )자

6 다음의 뜻·소리·한자를 서로 바르게 연결해 보세요.

달　·　　　　　·　월　·　　　　　·　木

불　·　　　　　·　수　·　　　　　·　水

물　·　　　　　·　화　·　　　　　·　火

나무　·　　　　　·　목　·　　　　　·　月

7 다음 안에 알맞은 한자를 써 보세요.

七　　　　山　　　　上　　　　土
칠　월　　화　산　　상　수　　목　공

💡 노래 부르며 한자를 익혀보세요.

활용곡 : 찬송가 323장(통355) 부름 받아 나선 이 몸

💡 성경에서 한자 찾아 읽기

> 그의 아들들이 자기 生日에 각각 자기의 집에서 잔치를 베풀고 그의 누이 세 명도 청하여 함께 먹고 마시더라 [욥기 1:4]
>
> 너희는 나를 비겨서 은으로나 金으로나 너희를 위하여 신상을 만들지 말고 [출애굽기 20:23]
>
> 그들의 土산물을 황충에게 주셨고 그들이 수고한 것을 메뚜기에게 주셨으며 [시편 78:46]

 쇠 **금**
성 **김**

| 부수 | 金(쇠금) | 총획 | 8획 |

훈(뜻) : 쇠 또는 성씨라는 뜻입니다.
음(소리) : 금 또는 김이라고 읽습니다.

간체자 金

• 金(jīn)찐

金(쇠 금)의 변천 과정을 살펴보고 어떻게 만들어졌나 잘 읽어보세요.

갑골문		전서		예서		해서
	⇨		⇨		⇨	金

金은 흙 속에 묻혀 있으나 반짝 반짝 빛나는 금[]을 나타낸 글자로, '쇠', '황금', '성씨' 라는 뜻으로 사용되며, '성씨' 라는 뜻일 경우에는 '김' 이라고 독음합니다.

🍄 필순에 따라 金을 바르게 써 보세요.

金 쇠금	金 ノ 人 스 厶 仐 仐 金 金
金	

💡 다음 그림을 보고 문장의 ( )안에 알맞은 한자를 써 보세요.

이 종은 쇠(   )를
녹여 만들었습니다.

우리 나라 여자 양궁 선수들이
금(   )메달을 땄습니다.

💡 다음 거꾸로 된 글자의 훈[뜻]과 음[소리]을 써보세요.

훈(뜻) :

음(소리) :

💡 다음 밑줄 친 한자의 음[소리]을 바르게 고쳐 쓰세요.

문 우리 형제는 어머니 생신 선물로 金(근)목걸이를 준비하였다.
···[   ]

💡 다음 중 밑줄 친 뜻에 맞는 한자를 골라 연결하세요.

> 또 거기서 네 하나님 여호와를 위하여 제단 곧 돌단을
> 쌓되 그것에 쇠 연장을 대지 말지니라 [신명기 27:5]

•

今   金   全   釜

💡 金(쇠 금)이 쓰인 문장을 읽고, 한자어를 써 보세요.

白金
백금

단어풀이 : 은백색의 귀금속 원소.
활용문장 : 白金 목걸이가 오래 되니 누렇게 변했다.

白	金							
흰 백	쇠 금							

入金
입금

단어풀이 : 돈이 들어오는 일.
활용문장 : 入金하신 금액을 확인해 보시기 바랍니다.

入	金							
들 입	쇠 금							

出金
출금

단어풀이 : 돈을 내어 씀. 또는 그 돈.
활용문장 : 현금 자동 지급기에서 出金 할 때에는 비밀번호를 남이 보지 않도록 주의하여야 한다.

出	金							
날 출	쇠 금							

▍상대자 : 入金 ⇔ 出金 / 입금(入金)의 반의어는 출금(出金)입니다.
▍사자성어 : 金石相約(금석상약), 金銀財寶(금은재보)
▍모양이 비슷한 글자 : 金(쇠 금)과 釜(가마솥 부)
▍음이 같지만 뜻이 다른 글자 : 金(쇠 금)과 今(이제 금)

 흙 토

부수 土(흙 토)　총획 3획　간체자

훈(뜻): 흙이라는 뜻입니다.
음(소리): 토라고 읽습니다.

• 土(tǔ)투

土(흙 토)의 변천 과정을 살펴보고 어떻게 만들어졌나 잘 읽어보세요.

갑골문	전서	예서	해서
⇒	 ⇒	⇒	土

土는 싹 [十 =屮(싹날 철)의 변형]이 뿌리를 내릴 수 있는 땅[一]은 '흙'이라는 뜻으로 사용됩니다.

💡 필순에 따라 土를 바르게 써 보세요.

흙 토　一 十 土

🌟 다음 그림을 보고 문장의 (　) 안에 알맞은 한자를 써 보세요.

어젯밤 폭우로 흙(　　)이 　　　매주 토(　　)요일은
무너져 내렸습니다.　　　　　　등산가기로 약속하였습니다.

🌟 다음 거꾸로 된 글자의 훈[뜻]과 음[소리]을 써 보세요.

　　훈(뜻) :

　　　　　　　　　　　　음(소리) :

🌟 다음 밑줄 친 한자의 음[소리]을 바르게 고쳐 쓰세요.

문 이번 공연은 土(도)일 양일에 걸쳐 두 차례가 있을 예정이다.
··[　　　　　]

🌟 다음 중 밑줄 친 뜻에 맞는 한자를 골라 연결하세요.

네가 흙으로 돌아갈 때까지 얼굴에 땀을 흘려야 먹을 것을 먹으리니
네가 그것에서 취함을 입었음이라 너는 흙이니 흙으로 돌아갈 것이
니라 하시니라 [창세기 3:19]

🔍 土(흙 토)가 쓰인 문장을 읽고, 한자어를 써 보세요.

土木
토 목

단어풀이 : 흙과 나무를 아울러 이르는 말.
활용문장 : 우리나라의 전통가옥은 土木으로 지어진 것이 대부분 입니다.

흙 토 / 나무 목

土人
토 인

단어풀이 : 미개한 사람.
활용문장 : 낙타에 짐을 싣고 가는 土人의 모습을 사진에서 봤습니다.

흙 토 / 사람 인

土山
토 산

단어풀이 : 흙으로만 이루어진 산.
활용문장 : 비만 오면 土山의 흙이 흘러내려 도로를 덮어버립니다.

흙 토 / 메 산

- 사자성어 : 捲土重來(권토중래)
- 모양이 비슷한 한자 : 土(흙 토)와 士(선비 사)

 해 일

부수 日 (해 일)　　총획 4획　　간체자 日

훈(뜻) : 해 또는 날이라는 뜻입니다.

음(소리) : 일이라고 읽습니다.

• 日(rì) 리

日(해 일)의 변천 과정을 살펴보고 어떻게 만들어졌나 잘 읽어보세요.

갑골문		전서		예서		해서
	⇨		⇨		⇨	

日은 태양의 모양[☉]을 본뜬 글자로, '해', '날'이라는 뜻으로 사용됩니다.

필순에 따라 日을 바르게 써 보세요.

해 일　　ㅣ ㄇ 日 日

💡 다음 그림을 보고 문장의 (　) 안에 알맞은 한자를 써 보세요.

오늘따라 해(　　)가 무척 높이 떠 있는 것 같습니다.

나는 날(　　)마다 일(　　)기를 씁니다.

💡 다음 거꾸로 된 글자의 훈[뜻]과 음[소리]을 써 보세요.

훈(뜻) :

음(소리) :

💡 다음 밑줄 친 한자의 음[소리]을 바르게 고쳐 쓰세요.

문 부모님께서는 4박 5日(얼) 일정으로 해외 여행을 떠났습니다.
.... [　　　　]

💡 다음 중 밑줄 친 뜻에 맞는 한자를 골라 연결하세요.

해가 져서 어두울 때에 연기 나는 화로가 보이며 타는 횃불이 쪼갠 고기 사이로 지나더라 [창세기 15:17]

•

💡 日(해 일)이 쓰인 문장을 읽고, 한자어를 써 보세요.

一日 (일 일)

- **단어풀이** : ① 스물네 시간 동안. ② 한 달의 첫째 날.
- **활용문장** : 삼월 一日은 삼일 운동을 기념하는 국경일입니다.

一	日						
한 일	날 일						

日日 (일 일)

- **단어풀이** : 하루하루의 날.
- **활용문장** : 어머니는 日日 연속극을 무척 좋아하십니다.

日	日						
날 일	날 일						

日月 (일 월)

- **단어풀이** : 해와 달을 아울러 이르는 말.
- **활용문장** : 순이는 온 정성을 다해 日月을 바라보며 하나님께 기도를 드렸습니다.

日	月						
날 일	달 월						

- 상대자 : 日 ⇔ 月 / 해(日)의 상대자는 달(月)입니다.
- 사자성어 : 日進月步(일진월보)

 살 생

부수 生(날 생)　총획 5획　간체자 生

훈(뜻) : 나다 또는 살다 라는 뜻입니다.
음(소리) : 생 이라고 읽습니다.

• 生(shēng) 썽

生(살 생)의 변천 과정을 살펴보고 어떻게 만들어졌나 잘 읽어보세요.

갑골문 ⇒ 전서 ⇒ 예서 ⇒ 해서

生은 풀의 새 싹[〜]이 땅 위[土]에 나온 모양[生]을 본뜬 글자로, '나다', '살다' 라는 뜻으로 사용됩니다.

💡 필순에 따라 生을 바르게 써 보세요.

🍄 다음 그림을 보고 문장의 (   ) 안에 알맞은 한자를 써 보세요.

내 생(   )일에 친구들이 축하해 주었습니다.

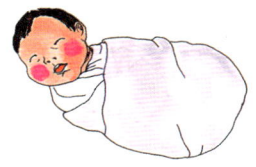
막내 동생은 태어난(   ) 지 한 달도 채 안 되었습니다.

🍄 다음 거꾸로 된 글자의 훈[뜻]과 음[소리]을 써 보세요.

훈(뜻) :

음(소리) :

🍄 다음 밑줄 친 한자의 음[소리]을 바르게 고쳐 쓰세요.

문 나는 <u>生</u>(성)과 사의 갈림길에 서서 고민하고 있었다.
.... [   ]

🍄 다음 중 밑줄 친 뜻에 맞는 한자를 골라 연결하세요.

이스라엘이 이르되 족하도다 내 아들 요셉이 지금까지 <u>살아 있으니</u> 내가 죽기 전에 가서 그를 보리라 하니라 [창세기 45:28]

住   主   生   主

🔍 生(날 생)이 쓰인 문장을 읽고, 한자어를 써 보세요.

生日
생 일

단어풀이 : 세상에 태어난 날.
활용문장 : 어머니께서 生日 선물로 컴퓨터를 사 주셨다.

生	日						
날 생	날 일						

一生
일 생

단어풀이 : 생물이 살아 있는 동안.
활용문장 : 안중근 의사는 옥중에서 一生을 마감했다.

一	生						
한 일	살 생						

先生
선 생

단어풀이 : 학생을 가르치는 사람을 두루 이르는 말.
활용문장 : 너희들 모두 계속 거짓말을 한다면 先生님께 가서 다 일러 줄 테다.

先	生						
먼저 선	날 생						

▌ 상대자 : 生 ⇔ 死 : 살다(生)의 상대자는 죽다(死)입니다.
▌ 반의어 : 出生 ⇔ 死亡 / 출생(出生)의 반의어는 사망(死亡)입니다.
▌ 사자성어 : 死生決斷 (사생결단), 捨生取義 (사생취의)
　　　　　　生死岐路 (생사기로), 九死一生 (구사일생)

복습 복습

앞에서 배운 한자를 확실하게 익히자!

1 다음 〈보기〉와 같이 한자의 뜻과 음을 쓰세요.

〈보기〉   月 → (달 월)
              ↑ ↑
              뜻 음

① 金 → (   )
② 土 → (   )
③ 日 → (   )
④ 生 → (   )

2 다음 〈보기〉와 같이 뜻과 음에 알맞은 한자를 쓰세요.

〈보기〉   달 월 → (月)

① 쇠 금 → (   )
② 흙 토 → (   )
③ 해 일 → (   )
④ 살 생 → (   )

3 다음 뜻에 해당하는 한자를 쓰세요.

① 흙 → (   )   ② 살다 → (   )
③ 해 → (   )   ④ 쇠 → (   )

4 다음 한자어를 〈보기〉와 같이 독음하세요.

〈보기〉   一月 → (일월)

① 生日 → (   )   ② 金生 → (   )
③ 土金 → (   )   ④ 生金 → (   )

5 다음 ( )안에 알맞은 한자를 〈보기〉에서 찾아 써 보세요.

〈보기〉 金 生 土 日

흙 속에서 반짝반짝 빛나는돌 쇠( )이고
땅 속에서 식물들이 돋아나와 흙( )이며
둥근태양 글자로는 네모나개 해( )인데
돋아나온 초목의 싹 살아나서 살( )이다

6 다음의 뜻·소리·한자를 서로 바르게 연결해 보세요.

쇠 ·	· 일 ·	· 日
흙 ·	· 생 ·	· 生
해 ·	· 토 ·	· 金
살다 ·	· 금 ·	· 土

7 다음 □ 안에 알맞은 한자를 써 보세요.

先 □   □ 月   入 □   □ 山
선 생   일 월   입 금   토 산

🎵 노래 부르며 한자를 익혀보세요.

하늘크고 땅도크고 사람또한 큰 大이고
대

네모나게 생긴판에 막대꽂아 가운데 中
중

막대양옆 작은불똥 두개찍어 작을 小니
소

다소곳한 여자 女가 바로섰다 사람 人자
녀   인

활용곡 : 찬송가 323장(통355) 부름 받아 나선 이 몸

🎵 성경에서 한자 찾아 읽기

▌문 밖의 무리를 大小를 막론하고 그 눈을 어둡게 하니 그들이 문을 찾느라고
▌헤매었더라 [창세기 19:11]

▌아담이 이르되 이는 내 뼈 中의 뼈요 살 中의 살이라 이것을 남자에게서
▌취하였은즉 여자라 부르리라 하니라 [창세기 2:23]

▌그의 손을 만지시니 열병이 떠나가고 女人이 일어나서 예수께 수종
▌들더라 [마태복음 8:15]

 큰 대

부수 　大(큰대)　　총획 　3획　　　간체자

훈(뜻) : 크다라는 뜻입니다.
음(소리) : 대라고 읽습니다.

• 大(dà)따

大(큰 대)의 변천 과정을 살펴보고 어떻게 만들어졌나 잘 읽어보세요.

갑골문	전서	예서	해서
⇨	 ⇨	大 ⇨	大

大는 사람이 양 팔을 벌리고 서 있는 모양[]을 본뜬 글자로, 하늘도 크고 땅도 크고 사람 또한 크다는 것으로, '크다' 라는 뜻으로 사용됩니다.

💡 필순에 따라 大를 바르게 써 보세요.

큰 대

一 ナ 大

🕯 다음 그림을 보고 문장의 (   ) 안에 알맞은 한자를 써 보세요.

코끼리는 덩치는 크지만(   ) 전혀 위협적으로 보이지 않는다.

나의 꿈은 대(   )통령이 되는 것입니다.

🕯 다음 거꾸로 된 글자의 훈[뜻]과 음[소리]을 써 보세요.

훈(뜻) :

음(소리) :

🕯 다음 밑줄 친 한자의 음[소리]을 바르게 고쳐 쓰세요.

<u>문</u> 중이 맞지 않으니 大(태)를 입어 봐야겠다. ················[   ]

🕯 다음 중 밑줄 친 뜻에 맞는 한자를 골라 연결하세요.

> 낮은 사람부터 높은 사람까지 다 따르며 이르되 이 사람은 **크다** 일컫는 하나님의 능력이라 하더라 [사도행전 8:10]

•

💡 大 (큰 대)가 쓰인 문장을 읽고, 한자어를 써 보세요.

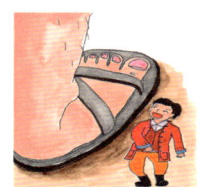

大人
대 인

단어풀이 : 보통 사람보다 몸이 아주 큰 사람.
활용문장 : 걸리버는 大人이 사는 나라와 소인이 사는 나라를 여행하였다.

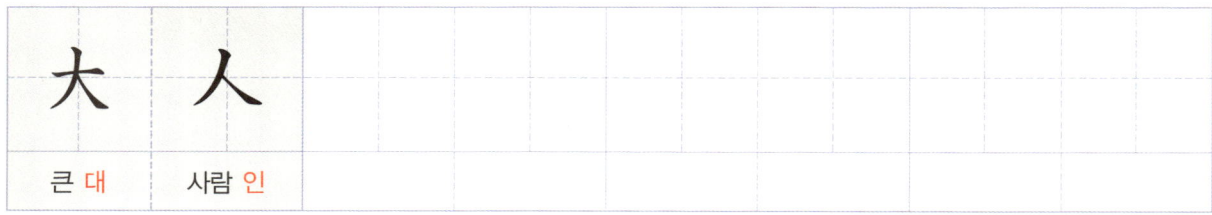

大	人							
큰 대	사람 인							

大小
대 소

단어풀이 : 크고 작은 것.
활용문장 : 옛날에는 혜성이 나타나면 임금이나 大小 관리들이 모두 근신을 하였었다.

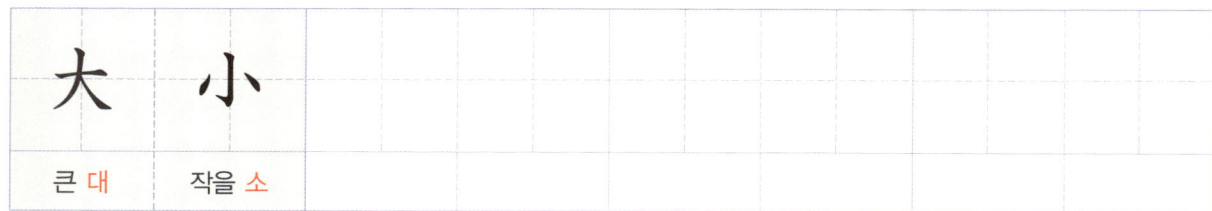

大	小							
큰 대	작을 소							

大王
대 왕

단어풀이 : 훌륭하고 뛰어난 임금을 높여 이르는 말.
활용문장 : 세종大王은 훈민정음을 창제 했습니다.

大	王							
큰 대	임금 왕							

▍상대자 : 大 ⇔ 小 / 크다(大)의 상대자는 작다(小)입니다.
▍반의어 : 大人 ⇔ 小人 / 어른은 대인(大人)이니 반의어는 소인(小人)인 아이 입니다.
▍사자성어 : 針小棒大(침소봉대), 小貪大失(소탐대실)

 가운데 중

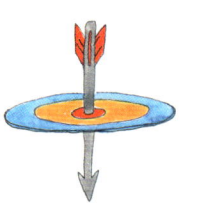

부수 丨 (뚫을 곤)   총획 4획

훈(뜻) : 가운데 라는 뜻입니다.
음(소리) : 중이라고 읽습니다.

간체자 中

• 中(zhōng)쫑

中(가운데 중)의 변천 과정을 살펴보고 어떻게 만들어졌나 잘 읽어보세요.

갑골문	전서	예서	해서
中	中	中	中

中은 사물[口]의 복판을 꿰뚫은[丨] 모양[中]을 나타낸 글자로, '가운데' 또는 '들어맞다' 라는 뜻으로 사용됩니다.

💡 필순에 따라 中을 바르게 써 보세요.

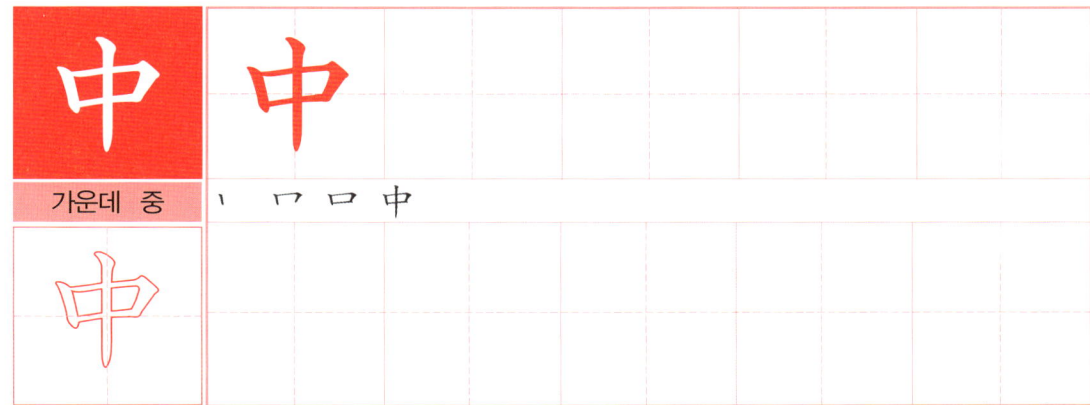

💡 다음 그림을 보고 문장의 ( ) 안에 알맞은 한자를 써 보세요.

길 가운데( ) 차가 위험 하게 서 있습니다.

형은 올해 중( )학생이 되었습니다.

💡 다음 거꾸로 된 글자의 훈[뜻]과 음[소리]을 써 보세요.

훈(뜻) :

음(소리) :

💡 다음 밑줄 친 한자의 음[소리]을 바르게 고쳐 쓰세요.

문 아버지는 자식들 中(준)에서 나를 가장 아끼셨던 것 같다.
···[   ]

💡 다음 중 밑줄 친 뜻에 맞는 한자를 골라 연결하세요.

어린 아이 하나를 데려다가 그들 가운데 세우시고
안으시며 제자들에게 이르시되 [마가복음 9:36]

🌱 中(가운데 중)이 쓰인 문장을 읽고, 한자어를 써 보세요.

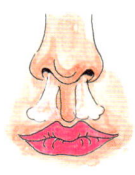

人中
인 중

단어풀이 : 코의 밑과 윗입술 사이의 우묵하게 골이 파인부분.
활용문장 : 갑자기 뜨거운 콧김이 새나와 人中이 얼얼했다.

人	中						
사람 인	가운데 중						

中心
중 심

단어풀이 : 중요하고 기본이 되는 부분.
활용문장 : 나의 경험을 中心으로 이야기 했습니다.

中	心						
가운데 중	마음 심						

山中
산 중

단어풀이 : 산의 속.
활용문장 : 한낮이 되면서 山中의 안개가 씻은 듯이 벗겨졌습니다.

山	中						
메 산	가운데 중						

▎동음이자 : 中(가운데 중) – 重(무거울 중) – 衆(무리 중) – 仲(버금 중)
▎사자성어 : 十中八九(십중팔구), 言中有骨(언중유골)
▎뜻은 같으나 음과 모양이 다른 자 : 央(가운데 앙)

 작을 소

부수 小(작을 소) 총획 3획

간체자

훈(뜻) : 작다라는 뜻입니다.
음(소리) : 소라고 읽습니다.

• 小(xiǎo)씨아오

小(작을 소)의 변천 과정을 살펴보고 어떻게 만들어졌나 잘 읽어보세요.

갑골문		전서		예서		해서
八	⇨	川	⇨	小	⇨	小

小는 큰 물체에서 떨어져나간 불똥[丶] 세 개로 물건이 작은 모양[八] 을 나타낸 글자로, '작다' 라는 뜻으로 사용됩니다.

필순에 따라 小를 바르게 써 보세요.

小 작을 소	小
	亅 小 小
小	

💡 다음 그림을 보고 문장의 (   ) 안에 알맞은 한자를 써 보세요.

나는 키가 큰데 내 동생은
작습(   )니다.

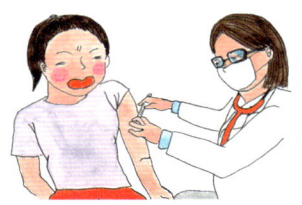

오늘 소(   )아과 병원에
가서 감기 예방 주사를 맞았습니다.

💡 다음 거꾸로 된 글자의 훈[뜻]과 음[소리]을 써 보세요.

훈(뜻) :

음(소리) :

💡 다음 밑줄 친 한자의 음[소리]을 바르게 고쳐 쓰세요.

문 장군은 전쟁터에서 대를 위한 小(수)의 희생은 어쩔 수 없다고 말했다.
·· [   ]

💡 다음 중 밑줄 친 뜻에 맞는 한자를 골라 연결하세요.

> 오늘 있다가 내일 아궁이에 던져지는 들풀도 하나님이 이렇게
> 입히시거든 하물며 너희일까보냐 믿음이 작은 자들아 [마태복음 6:30]

•

105

小(작을 소)가 쓰인 문장을 읽고, 한자어를 써 보세요.

小子
소 자

뜻풀이 : 아들이 부모를 대하여 자기를 낮추어 가리키는 말.
활용문장 : 小子 아버님께 문안 인사드립니다.

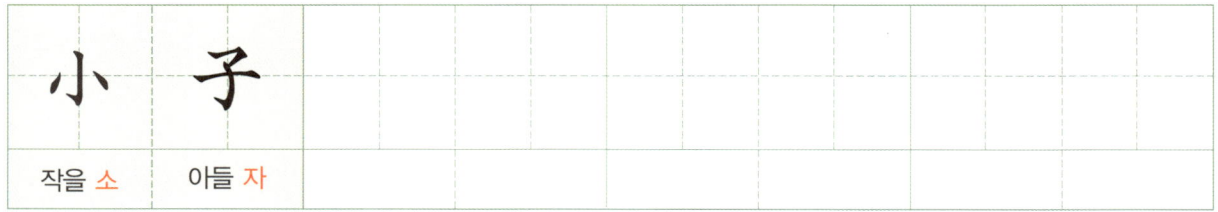

작을 소 / 아들 자

小人
소 인

뜻풀이 : 나이가 어린 사람.
활용문장 : 13세 이하 小人의 입장료는 대인의 반액입니다.

작을 소 / 사람 인

大小
대 소

뜻풀이 : 크고 작은 것.
활용문장 : 일의 大小를 막론하고 반드시 부모님께 여쭈어야 한다.

큰 대 / 작을 소

- 상대자 : 小 ⇔ 大 / 작다(小)의 상대자는 크다(大)입니다.
- 반의어 : 小人 ⇔ 大人 / 소인(小人)은 아이이니 반의어는 어른인 대인(大人) 입니다.
- 사자성어 : 針小棒大(침소봉대), 小貪大失(소탐대실)

 여자 녀

부수 女(여자 녀)　총획 3획

간체자

훈(뜻) : 계집 또는 여자라는 뜻입니다.
음(소리) : 녀라고 읽습니다.

• 女(nǚ)뉘

女(여자 녀)의 변천 과정을 살펴보고 어떻게 만들어졌나 잘 읽어보세요.

갑골문	전서	예서	해서
→	 →	→	女

女는 여자가 손을 앞으로 모으고 무릎을 꿇고 다소곳이 앉아 있는 모습[]을 본뜬 글자로, '계집', '여자' 라는 뜻으로 사용됩니다.

필순에 따라 女를 바르게 써 보세요.

여자 녀　ㄑ ㄠ 女

💡 다음 그림을 보고 문장의 (   )안에 알맞은 한자를 써 보세요.

이번 피아노 대회에서 4살짜리 계집(   )아이가 대상을 받았습니다.

누나는 이번에 여(   )군이 되었습니다.

💡 다음 거꾸로 된 글자의 훈[뜻]과 음[소리]을 써 보세요.

훈(뜻) :

음(소리) :

💡 다음 밑줄 친 한자의 음[소리]을 바르게 고쳐 쓰세요.

문 모女(너)가 삼십여 년 만에 상봉하는 장면은 보는 이로 하여금 뭉클하게 했다.
·· [   ]

💡 다음 중 밑줄 친 뜻에 맞는 한자를 골라 연결하세요.

그가 부리는 종을 불러 이르되 이 계집을 내게서 이제 내보내고 곧 문빗장을 지르라 하니 [사무엘하 13:17]

女(여자 녀)가 쓰인 문장을 읽고, 한자어를 써 보세요.

女子
여자

단어풀이 : 여성으로 태어난 사람.
활용문장 : 이제는 군대에도 女子들이 많이 갑니다.

女	子
여자 녀	아들 자

父女
부녀

단어풀이 : 아버지와 딸.
활용문장 : 우리 父女는 취미로 바둑을 둡니다.

父	女
아버지 부	여자 녀

女人
여인

단어풀이 : 성인이 된 여자.
활용문장 : 내일 삼촌은 오랫동안 사귀어 온 女人과 결혼합니다.

女	人
여자 녀	사람 인

- 상대자 : 女 ⇔ 子 / 딸(女)의 상대자는 아들(子)입니다.
- 반의어 : 父女 ⇔ 母女 / 부녀(父女)의 반의어는 모녀(母女)입니다.
- 유의어 : 女子 ≡ 女人 / 여자(女子)는 여인(女人)이라는 말과 뜻이 같습니다.
- 사자성어 : 南男北女(남남북녀), 甲男乙女(갑남을녀), 男負女戴(남부여대)

 사람 인

부수 人(사람 인)　총획 2획

훈(뜻) : 인이라고 읽습니다.
음(소리) : 사람이라는 뜻입니다.

간체자

• 人(rén) 런

人(사람 인)의 변천 과정을 살펴보고 어떻게 만들어졌나 잘 읽어보세요.

갑골문	전서	예서	해서
⟩ ⇨	兀 ⇨	⌒ ⇨	人

人은 사람이 서 있는 옆모양[⟩]을 본뜬 글자로, '사람'이라는 뜻으로 사용됩니다.

💡 필순에 따라 人을 바르게 써 보세요.

사람 인

ノ 人

💡 다음 그림을 보고 문장의 ( ) 안에 알맞은 한자를 써 보세요.

두 사람( )은 나란히
걸어 갔습니다.

나는 자랑스런
대한국인( )이다.

💡 다음 거꾸로 된 글자의 훈[뜻]과 음[소리]을 써 보세요.

훈(뜻) :

음(소리) :

💡 다음 밑줄 친 한자의 음[소리]을 바르게 고쳐 쓰세요.

문 훈민정음의 모음은 천, 지, 人(언) 삼재를 본떠서 만든 것이다.
··· [   ]

💡 다음 중 밑줄 친 뜻에 맞는 한자를 골라 연결하세요.

여호와 하나님이 동방의 에덴에 동산을 창설하시고
그 지으신 사람을 거기 두시니라 [창세기 2:8]

🔑 人(사람 인)이 쓰인 문장을 읽고, 한자어를 써 보세요.

木人
목 인

단어풀이 : 나무로 사람처럼 만든 인형.
활용문장 : 어제 부모님과 함께 木人 박물관에 다녀왔다.

木	人						
나무 목	사람 인						

山人
산 인

단어풀이 : 산 속에 사는 사람.
활용문장 : 산 속에 사는 사람을 山人이라고 합니다.

山	人						
메 산	사람 인						

人中
인 중

단어풀이 : 코의 밑과 윗입술 사이의 우묵하게 골이 파인 부분.
활용문장 : 내 친구는 학교에서 人中이 긴 아이로 유명하다.

人	中						
사람 인	가운데 중						

▎반의어 : 主人 ⇔ 下人 / 주인(主人)의 반의어는 하인(下人)입니다.
▎사자성어 : 人山人海(인산인해), 眼下無人(안하무인)

[복습 복습] 앞에서 배운 한자를 확실하게 익히자!

1 다음 〈보기〉와 같이 한자의 뜻과 음을 쓰세요.

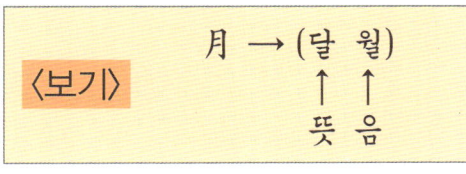

① 大 → (   )
② 中 → (   )
③ 小 → (   )
④ 女 → (   )

2 다음 〈보기〉와 같이 뜻과 음에 알맞은 한자를 쓰세요.

〈보기〉 달 월 → (月)

① 큰 대 → (   )
② 사람 인 → (   )
③ 작을 소 → (   )
④ 여자 녀 → (   )

3 다음 뜻에 해당하는 한자를 쓰세요.

① 가운데 → (   )   ② 크다 → (   )
③ 작다 → (   )   ④ 여자 → (   )

4 다음 한자어를 〈보기〉와 같이 독음하세요.

〈보기〉 一月 → (일월)

① 中心 → (   )   ② 大人 → (   )
③ 少女 → (   )   ④ 大小 → (   )

5. 다음 (   )안에 알맞은 한자를〈보기〉에서 찾아 써 보세요.

〈보기〉   大 小 中 人 女

하늘크고   땅도크고   사람또한   큰(   )이고
네모나게   생긴판에   막대꽂아   가운데(   )
막대양옆   작은불똥   두개찍어   작을(   )니
다소곳한   여자(   )가   바로섰다   사람(   )자

6. 다음의 뜻·소리·한자를 서로 바르게 연결해 보세요.

크다 ·   · 중 ·   · 小

여자 ·   · 소 ·   · 中

가운데 ·   · 대 ·   · 女

작다 ·   · 녀 ·   · 大

7. 다음 □ 안에 알맞은 한자를 써 보세요.

□ 王   山 □   木 □   □ 人
대 왕   산 중   목 인   여 인

 노래하며, **한자공부** 하기.

 8주

 복습한자

月 火 水 木 金 土 日 生 大 中 小 女 人

| 5주 노래 | 초승달을 그렸는데 구름지나 달月이며
모닥불에 불꽃튀는 모양그려 불火이고
흐르는물 수평인데 세워서쓴 물水이며
줄기에서 가지나고 뿌리뻗은 나무木자 |

| 6주 노래 | 흙속에서 반짝반짝 빛나는돌 쇠金이고
땅속에서 식물들이 돋아나와 흙土이며
둥근태양 글자로는 네모나게 해日인데
돋아나온 초목의싹 살아나서 살生이다 |

| 7주 노래 | 하늘크고 땅도크고 사람또한 큰大이고
네모나게 생긴판에 막대꽂아 가운데中
막대양옆 작은불똥 두개찍어 작을小니
다소곳한 여자女가 바로섰다 사람人자 |

115

1 뜻과 음을 큰 소리로 읽으면서 한자를 쓰세요.

뜻	음	한자
달	월	月
불	화	火
물	수	水
나무	목	木
쇠	금	金
흙	토	土
해	일	日
살	생	生
큰	대	大
가운데	중	中
작을	소	小
여자	녀	女
사람	인	人

2 다음 뜻과 음에 해당하는 한자를 쓰세요.

① 불 화 → ☐
② 큰 대 → ☐
③ 물 수 → ☐
④ 가운데 중 → ☐
⑤ 나무 목 → ☐
⑥ 작을 소 → ☐
⑦ 쇠 금 → ☐
⑧ 여자 녀 → ☐
⑨ 흙 토 → ☐
⑩ 살 생 → ☐

3 다음 한자어의 독음을 쓰세요.

① 火木 ⇨ (　　)
② 水中 ⇨ (　　)
③ 大小 ⇨ (　　)
④ 生水 ⇨ (　　)
⑤ 中小 ⇨ (　　)
⑥ 木人 ⇨ (　　)
⑦ 小女 ⇨ (　　)
⑧ 月中 ⇨ (　　)
⑨ 生月 ⇨ (　　)
⑩ 土人 ⇨ (　　)

4 다음 한자의 독음을 (   ) 안에 쓰세요.

❶ 어머니께서 生日(   ) 선물로 컴퓨터를 사 주셨다.

❷ 小女(   ) 문안 드립니다.

❸ 나는 차에서 내려 낙타에 짐을 싣고 가는 土人(   )과 같이 걸었다.

❹ 이번 달은 月中(   ) 무역적자가 사상 최고였다.

❺ 저런 나무는 火木(   )으로나 쓰일거야.

❻ 生水(   )를 직접 떠다 먹는 사람들이 점차 늘고 있다.

❼ 임금 앞에 大小 (   ) 관리들이 모두 집결해 있었다.

❽ 우리나라의 전통 가옥은 土木(   )으로 지어진 것이 대부분이다.

❾ 그런 일 하나도 제대로 못하다니 한심한 人生(   )이로다.

❿ 우리 부모님은 生月(   )이 같으셔서 그런지 친구처럼 지내신다.

5 다음 한자의 뜻과 음을 쓰세요.

❶ 女 →　　　　　　❷ 小 →

❸ 大 →　　　　　　❹ 月 →

❺ 水 →　　　　　　❻ 木 →

❼ 中 →　　　　　　❽ 金 →

❾ 人 →　　　　　　❿ 火 →

6 다음 밑줄 친 한자어를 한자로 쓰세요.

❶ 갑자기 뜨거운 콧김이 새나와 인중이 얼얼했다.
( )

❷ 주민들은 가까운 산골이나 들판에서 생수를 구해 마셨다.
( )

❸ 추녀 밑에 화목을 가득 쌓아 놓아 마음이 놓인다.
( )

❹ 그녀는 생일을 맞이한 친구에게 축전을 띄워 축하해 줬다.
( )

❺ 그의 날카로운 말 한마디가 그 사람의 인생을 바꾸어 놓았다.
( )

❻ 그녀의 소망은 남편에게 사랑받는 평범한 여인으로서의 삶이었다.
( )

❼ 왁자한 고함소리와 함께 토인은 창을 휘두르며 집안으로 들어왔다.
( )

❽ 소인의 목욕탕 요금은 대인의 절반이다.
( )

❾ 수중 공사를 하기 위해 잠수부들이 도착했다.
( )

❿ 몇 해 전부터 토목사업이 활발해지고 있다.
( )

⓫ 우리 마을에서는 대소를 막론하고 주민회의를 통해 결정된다.
( )

⓬ 은행은 월중에 비하여 월말이 한가한 편이다.
( )

7 다음 (   )안에 알맞은 한자의 번호를 〈보기〉에서 찾아 쓰세요.

〈보기〉 ① 大   ② 土   ③ 火   ④ 中   ⑤ 人   ⑥ 木   ⑦ 月
       ⑧ 金   ⑨ 小   ⑩ 女   ⑪ 水   ⑫ 生   ⑬ 日

초승달을 그렸는데 구름지나 달(   )이며
모닥불에 불꽃튀는 모양그려 불(   )이고
흐르는물 수평인데 세워서쓴 물(   )이며
줄기에서 가지나고 뿌리뻗은 나무(   )자

흙속에서 반짝반짝 빛나는돌 쇠(   )이고
땅속에서 식물들이 돋아나와 흙(   )이며
둥근태양 글자로는 네모나게 해(   )인데
돋아나온 초목의싹 살아나서 살(   )이다

하늘크고 땅도크고 사람또한 큰(   )이고
네모나게 생긴판에 막대꽂아 가운데(   )
막대양옆 작은불똥 두개찍어 작을(   )니
다소곳한 여자(   )가 바로섰다 사람(   )자

아하! 급수시험이 이거구나~ 🎵

어문회 주관 한자능력검정시험 8급 예상문제 1회

★ 다음 한자의 뜻과 음을 [보기]와 같이 쓰세요.(1-10)

[보기] 音 → 소리 음

1. 金 → (   )　　2. 水 → (   )
3. 九 → (   )　　4. 木 → (   )
5. 中 → (   )　　6. 火 → (   )
7. 六 → (   )　　8. 四 → (   )
9. 山 → (   )　　10. 七 → (   )

★ 다음 글을 읽고 한자나 한자어의 독음을 쓰세요. (11-20)

우리나라 人⁽¹¹⁾口는 남자보다 女⁽¹²⁾子⁽¹³⁾가 더 많다고 합니다. 八⁽¹⁴⁾月⁽¹⁵⁾十⁽¹⁶⁾五⁽¹⁷⁾日⁽¹⁸⁾은 광복절이자 父⁽¹⁹⁾母⁽²⁰⁾님 결혼기념일 입니다.

11. 人 → (   )　　12. 女 → (   )
13. 子 → (   )　　14. 八 → (   )
15. 月 → (   )　　16. 十 → (   )
17. 五 → (   )　　18. 日 → (   )
19. 父 → (   )　　20. 母 → (   )

★ 다음에 알맞은 한자를 〈보기〉에서 찾아 그 번호를 쓰세요.(21-30)

[보기]
① 三　② 先　③ 大　④ 二　⑤ 四
⑥ 王　⑦ 母　⑧ 小　⑨ 土　⑩ 子

21. 작다 → (   )　　22. 크다 → (   )
23. 둘 → (   )　　24. 먼저 → (   )
25. 임금 → (   )　　26. 흙 → (   )
27. 셋 → (   )　　28. 넷 → (   )
29. 어머니 → (   )　　30. 아들 → (   )

★ 독음에 맞는 한자어를 〈보기〉에서 찾아 그 번호를 쓰세요.(31-40)

[보기]
① 水中　② 先生　③ 女王　④ 五月　⑤ 生日
⑥ 火山　⑦ 大小　⑧ 土木　⑨ 白金　⑩ 人中

31. 생일 → (   )　　32. 인중 → (   )
33. 수중 → (   )　　34. 백금 → (   )
35. 토목 → (   )　　36. 선생 → (   )
37. 대소 → (   )　　38. 오월 → (   )
39. 여왕 → (   )　　40. 화산 → (   )

★ 다음 한자에 해당하는 음을 〈보기〉에서 찾아 그 번호를 쓰세요.(41-50)

[보기]
① 선　② 륙　③ 녀　④ 백　⑤ 목
⑥ 수　⑦ 구　⑧ 화　⑨ 산　⑩ 일

41. 山 → (   )　　42. 水 → (   )
43. 火 → (   )　　44. 先 → (   )
45. 白 → (   )　　46. 九 → (   )
47. 女 → (   )　　48. 一 → (   )
49. 六 → (   )　　50. 木 → (   )

어문회 주관 한자능력검정시험 8급 예상문제 1회 해답

1.	쇠 금	2.	물 수
3.	아홉 구	4.	나무 목
5.	가운데 중	6.	불 화
7.	여섯 륙	8.	넉 사
9.	메 산	10.	일곱 칠
11.	인	12.	녀
13.	자	14.	팔
15.	월	16.	십
17.	오	18.	일
19.	부	20.	모
21.	⑧	22.	③
23.	④	24.	②
25.	⑥	26.	⑨
27.	①	28.	⑤
29.	⑦	30.	⑩
31.	⑤	32.	⑩
33.	①	34.	⑨
35.	⑧	36.	②
37.	⑦	38.	④
39.	③	40.	⑥
41.	⑨	42.	⑥
43.	⑧	44.	①
45.	④	46.	⑦
47.	③	48.	⑩
49.	②	50.	⑤

수험번호 □□□-□□-□□□□　　성명 □□□□□

주민등록번호 □□□□□□-□□□□□□□

※ 유성 싸인펜, 붉은색 필기구 사용불가

※ 답안지는 컴퓨터로 처리되므로 구기거나 더럽히지 마시고, 정답 칸 안에만 쓰십시오. 글씨가 채점란으로 들어오면 오답처리가 됩니다.

8급 1권 전국한자능력검정시험 예상문제 답안지

번호	답안란 정 답	채점란 1검	채점란 2검	번호	답안란 정 답	채점란 1검	채점란 2검
1				26			
2				27			
3				28			
4				29			
5				30			
6				31			
7				32			
8				33			
9				34			
10				35			
11				36			
12				37			
13				38			
14				39			
15				40			
16				41			
17				42			
18				43			
19				44			
20				45			
21				46			
22				47			
23				48			
24				49			
25				50			

참똑똑한 한글달인의 특징

글을 깨우쳐야 생각하는 힘이 생깁니다.

- **1단계에서 예비 1학년 과정(마무리 학습)**
  어린이 학습 능력에 따라 1단계에서 6단계까지 구성되었고 사고력, 응용력, 관찰력을 높여주는 체계적인 학습 프로그램입니다.

- **닿소리, 홀소리 학습에서 문장까지**
  닿소리, 홀소리 학습부터 낱말 문장을 모두 다루어 한글의 기초를 다져 줍니다.

- **정밀하게 그려진 사진 자료**
  낱말에 적당한 그림을 많이 활용하였습니다.

- **창의력 학습**
  어린이의 생각을 자연스럽게 표현하도록 계발한 학습과정을 통해 창의력과 생각하는 힘이 쑥쑥 자라납니다.

몇 단계부터 시작해야 할까요?

	단계선택	내용구성
받침이 없는 낱말	사물의 이름은 알지만 쓰지 못한다.	**1단계** 쓰기의 기초 : 선긋기, 닿소리, 홀소리 익히기 글자 모양익히기 · 낱자 익히기(가~하)
	사물의 이름은 알고 받침 없는 글자를 어느 정도 읽고 쓸 줄 안다.	**2단계** 1단계 되돌아 보기 글자의 합성(닿소리+홀소리) 받침 없는 낱말 익히기(가, 나~퍼, 허)
		3단계 글자의 합성(닿소리+홀소리) 받침 없는 낱말 익히기(고, 노~투, 후)
		4단계 글자의 합성(닿소리+홀소리) 받침 없는 낱말 익히기(그, 느~표, 휴)
받침이 있는 낱말	받침없는 낱말을 읽고 쓸 줄 알지만 받침 있는 글자는 잘 모른다.	**5단계** 받침없는 낱말 되돌아 보기 글자와 받침의 조합 받침 있는 낱말 학습(받침 ㄱ, ㄴ~ㅂ)
	받침이 있는 글자를 잘 모른다.	**6단계** 5단계 되돌아 보기 받침 있는 낱말학습(ㅂ, ㅅ~ㄹ, ㅁ) 겹홀소리 학습(ㅒ, ㅖ~ㅙ, ㅓ) 글읽기(독해력)

참똑똑한 수학달인의 특징

수학의 기초는 곧 계산력!

○ **1단계에서 예비1학년 과정(마무리학습)까지**
어린이의 학습 능력에 따라 1단계에서 6단계까지 구성되었고 사고력과 응용력을 높여주는 체계적인 학습 프로그램입니다.

○ **수 개념 학습에서 덧셈·뺄셈까지**
기초부터 차근차근 알고 넘어가면서 완벽한 기초를 쌓도록 구성되었고 영역별로 구성하여 초등학교 교과 과정과의 연계성을 살렸습니다.

○ **정밀하게 그려진 사진 자료**
수세기의 적당한 그림을 많이 활용하였습니다.

○ **창의력 학습**
어린이의 생각을 자연스럽게 표현하도록 계발한 학습 과정을 통해 창의력과 생각하는 힘이 쑥쑥 자라납니다.

몇 단계부터 시작해야 할까요?

	단계 선택	내용 구성
연산편	**1단계** 1~10까지 수를 세지만 정확하지 않다. 1~10까지 읽을 줄 안다.	• 선긋기 비교하기 짝짓기(1:1 대응) • 1~10까지 수 쓰고 익히기, 수의 순서 • 5 이내의 수 모으기와 가르기
	2단계 1~10까지 수를 세고 쓸 줄 안다. 덧·뺄셈이 가능하다.(5이하 수)	• 10 이내 수 덧, 뺄셈, 수 모으기와 가르기 • 10 이내의 덧, 뺄셈의 어떤 수 알기
	3단계 1~99까지의 수를 완전히 세고 쓸 줄 안다. 덧·뺄셈이 가능하다.(5이하 수)	**2단계 되돌아 보기** **(10이내의 수 덧, 뺄셈, 두자리 수 알기)** • 두 자리수 + 한 자리 수(받아올림이 없는 수) • 두 자리수 – 한 자리 수(받아내림이 없는 수) • 한 자리수 + 한 자리 수(받아올림이 있는 수)
	4단계 두자리 수와 한 자리 수의 덧·뺄셈이 가능하다(받아올림이 없는 수)	**3단계 되돌아보기** **(두 자리 수와 한자리 수 덧, 뺄셈)** • 두 자리 수와 한 자리 수 덧, 뺄셈 (받아올림과 내림수) • 시계 보기(1시간 단위, 30분 단위 시간 알기)
	5단계 두자리 수와 한 자리 수 받아올림과 내림이 가능하다.	**4단계 되돌아보기** **(두 자리 수와 한자리 수 덧, 뺄셈)** (받아올림과 내림이 있는 수, 시계 보기 몇시30분) • 두 자리 수와 두 자리 수 덧, 뺄셈 (받아올림과 내림수) • 시계 보기 5분 단위 알기) • 이야기식 문제
사고력	**6단계** 마무리 학습. 예비 1학년 초등학교 1, 2학년	**초등학교 교육과정에 따라 영역별로 구성** **여러가지 이야기식문제, 사고력과 창의력**

기초탄탄한글공부(전6권)
창의력 개발을 위한 단계별 학습

우리말 한글은 소리글자로써 아이들이 처음 말하기 시작하여 3~4세가 되면서 글자에 대한 호기심을 갖게 됩니다. 총체적인 언어 교육은 풍부한 낱말을 바탕으로 말하기와 듣기, 읽기와 쓰기가 잘 어우러져 완전한 학습이 이루어짐과 같이 아이들이 호기심으로부터 지속적으로 학습에 흥미를 가질 수 있도록 글의 내용에 어울리는 그림과 낱말의 읽기와 쓰기를 충분하게 넣어 창의력 개발을 위한 단계별 학습 프로그램으로 편집하였습니다.

선긋기, 지각능력 테스트
자음, 모음 익히기

선긋기
닿소리 익히기
홀소리 익히기
ㄱ 낱말 익히기
ㄴ 낱말 익히기
ㄷ 낱말 익히기
ㄹ 낱말 익히기
ㅁ 낱말 익히기
ㅂ 낱말 익히기

읽기, 쓰기 기본 받침 있는
낱말공부

되돌아보기
낱말 맞추기
ㄷ 받침 익히기
ㄹ 받침 익히기
ㅁ 받침 익히기
ㅂ 받침 익히기
ㅅ 받침 익히기

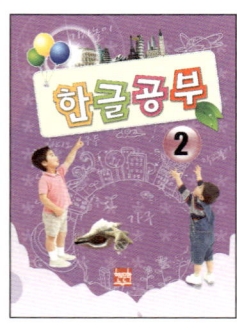

단어의 구성
받침 없는 낱말공부

ㅅ 낱말 익히기
ㅇ 낱말 익히기
ㅈ 낱말 익히기
ㅊ 낱말 익히기
ㅋ 낱말 익히기
ㅌ 낱말 익히기
ㅍ 낱말 익히기
ㅎ 낱말 익히기
낱말 익히기

조사, 꾸미는 말
어려운 받침 있는 낱말공부

되돌아보기
받침 익히기
겹받침 익히기
겹홀소리 익히기
주제별 낱말 익히기
연결말 익히기
시제 익히기

단어의 어휘력
기본 받침 있는 낱말공부

되돌아보기
낱말 맞추기
ㄱ 받침 익히기
낱말 익히기
받아쓰기
ㄴ 받침 익히기
낱말 익히기
교통표지 익히기
받아쓰기

어휘와 문장이해,
1학년 교과과정

되돌아보기
도와주는 말, 임자말, 풀이말,
꾸밈말 익히기
문장 만들기
문장부호 익히기
글자모양 익히기
인사하기
마무리평가